역사를 만든 혁신의 아이콘

🏛 국립제주박물관 문화총서 14

역사를 만든
혁신의 아이콘

인 쇄 일	2015년 4월 15일
발 행 일	2015년 4월 20일
기　　획	이애령 · 홍수정
편　　저	국립제주박물관
	제주특별자치도 제주시 일주동로 17
	TEL, 064-720-8000
발 행 처	서경문화사
발 행 인	김선경
디 자 인	김윤희 · 김소라
	서울특별시 종로구 이화장길 70-14(105호)
	TEL, 02-743-8203 FAX, 02-743-8210
등록번호	300-1994-41호

I S B N	978-89-6062-177-0　　04380

ⓒ국립제주박물관, 2015

값	13,000원

국립제주박물관 문화총서 14

역사를 만든 혁신의 아이콘

국립제주박물관 편

서경문화사

국립제주박물관 문화총서 제14권

『역사를 만든 혁신의 아이콘』을 발간하며

국립제주박물관은 제주의 역사와 문화를 함께 나누는 곳입니다. 2001년 개관 이후 다양한 주제의 전시와 교육 활동을 펼치며 지역문화의 발전에 노력해 왔습니다. 이 가운데 '박물관아카데미'는 제주의 역사문화를 중심으로 세계문화유산·신화·실크로드·섬·고고학 등의 주제를 다루어 왔습니다. 올해의 주제는 '역사를 만든 혁신의 아이콘'으로 정했습니다. 음악·음식·기술·미술·패션 분야와 역사를 바꾸고자 했던 실천적 인물을 중심으로 이야기를 나누고자 합니다.

혁신의 사전적 의미는 '낡은 제도, 관습, 방법 같은 것을 고쳐서 새롭게 하는 것'이랍니다. 세상은 쉽게 바뀌지 않지만, 때로 우연한 발상이나 뜻밖의 사물이 혁신을 일으키기도 하고, 깊은 생각과 실천적 행동을 앞세운 이들이 혁신을 일으키거나 좌절을 겪기도 합니다.

이번 강좌를 맡아주신 분들은 각기 다른 분야의 '아이콘'으로 과거와 대화할 수 있는 기회를 드릴 것입니다. 이제 우리는 '한국 문화의 상징, 아리랑', '입맛을 바꾼 고추', '인류의 힘을 덜어 준 바퀴', '조선시대의 활자와 책', '빛의 혁명, 인상주의', '영혼의 정거장에 선, 샤넬', 그리고 정도전·세종·허균·정조·김정호가 '꿈꾸던 새로운 세상'을 통해서 인간의 삶과 세상이 어떻게 변화되어 왔는지를 좀 더 폭넓게 이해할 수 있을 것입니다.

모쪼록 이번 강좌를 통해 역사 속의 여러 사물과 사람을 통하여 혁신 사례를 만나고, 좀 더 새로운 세상을 위해 함께 공부하는 자리가 되기를 바랍니다.

2015년 4월
국립제주박물관장
김성명

차 례

역사를 만든 혁신의 아이콘

아리랑

– 장르를 넘어선 문화의 상징이 되다 –

윤중강 음악평론가

아리랑
−장르를 넘어선 문화의 상징이 되다−

I. 아리랑의 열 가지 수수께끼

하나. 아리랑의 뜻은 아직도 밝혀지지 않았다.

아리랑의 정확한 뜻은 아직 정확히 밝혀지지 않았다. 그런데 그 가운데 아리랑을 아리+랑으로 보는 것이 가장 유력하다. '아리'는 '아름답다', '예쁘다', '곱다'라는 뜻이다. 랑(郎)은 젊은이를 뜻하는 말이다. 젊은 남자(총각) 젊은 여자(처녀)도 모두 '랑'을 쓴다. 그런데 아리랑의 경우는, 아름다운 여성이라고 보는 게 가장 타당하다.

'아리'는 또 다른 의미를 지닌다. '아리다'라는 '아픔' 혹은 '시련'을 뜻한다. 아리랑의 가사 중에 '아리아리랑, 쓰리쓰리랑'이 있다. '쓰리다'도 역시 '아픔' 혹은 '시련'을 뜻한다. 이런 것을 통해 볼 때, 나는 아리랑은 역사 속의 시련 속에서도, 자신의 아름다움을 지켜가는 여성의 이미지가 떠오른다. 아리랑의 뜻은 어느 것 하나로 규정할 수가 없다. 그만큼 다양한 의미를 포함하고 있기 때문이다. 따라서 '아리랑은 아리랑' 이렇게 정의하는 것이 가장 현명한지도 모른다.

둘. 아리랑은 '한 곡'이자, '여러 곡'이다.

한국의 아리랑과 같이 한 나라를 대표하는 곡들이 있다. 일본은 '사쿠라'요, 중국은 '모리화'다. 그런데 이 노래는 모두 '한 곡'이다. 특정 지역의 노래 혹은 많이 알려진 노래가 그 나라를 대표하는 노래로 정착한 것이다.

아리랑은 널리 알려진 하나의 곡조가 있다. 하지만, 지역마다 또 다른 모습이 있다. 이건 일종의 사투리(토박이말)와도 같다. 한국의 여러 지역에는 저마다의 아리랑이 있다. 진도아리랑, 밀양아리랑, 정선아리랑 등이다. 이런 아리랑은 '같은 듯 다르고', '다른 듯 비슷하다'.

이게 외국의 민족을 연구하는 학자들이 아리랑에게 주목하는 또 다른 이유다.

셋. 아리랑은 '민요'이자, '가요'다.

아리랑의 원류는 한민족(韓民族)의 출발과 같을 것이다. 이런 아리랑은 특히 일제강점기에 정착을 했다. 이런 노래는 당시 유성기음반에 달렸다. 곧 아리랑은 민요이자 가요의 모습을 띠고 있었다. 이런 전통은 계속 이어지고 있다. 지금도 한국의 대중음악인들도 아리랑을 만들어 부른다(하춘화-영암아리랑, 송창식-밀양머슴아리랑, 김훈&트리퍼스-나를 두고 아리랑, 강산에-98아리랑, 조용필-꿈의 아리랑 등).

넷. 아리랑은 음악을 초월한다.

아리랑은 삼박자(삼분박, 三分拍)의 소박한 민요다. 이런 멜로디는 다양한 리듬과 만나면서, 또 다른 모습으로 정착했다. 한국에는 아리랑맘보, 아리랑차차차, 아리랑블루스라는 곡이 있다. 더불어 고고, 디스코, 힙합, 락 버전의 아리랑도 있다. 서구의 클래식적인 분위기가 느껴지는 아리랑도 있다. 아리랑의 선율과 리듬은 동서고금의 여러 음악과 만나서 새로운 모습을 띠면서, 장르를 초월하고 있다.

　다섯. 디아스포라에게는 애국가다.

　아리랑은 특히 해외에 거주하는 이주민(디아스포라)에게 사랑을 받고 있다. 세계의 많은 민족들은 저마다 대표적인 민요가 있다. 이런 노래가 디아스포라에게 불려진다. 그런데 원래의 곡, 곧 본토의 곡과 같다. 그러나 아리랑은 좀 다르다. 이주한 지역마다 조금씩 다른 아리랑을 만들어서 부른다. 그런 아리랑의 가사는 바로 자신의 삶을 대변하는 노래다. 대체적으로 그런 가사는 현실의 고통을 이겨내면서, 미래의 희망을 기원하는 가사로 되어 있다.

　여섯. 지금도 만들어지고 있다.

　나는, 아리랑에게 이런 수식어를 처음 붙인 사람이다. '멈추지 않는' 아리랑! 민요는 과거형이다. 하지만 아리랑은 현재형이다. 지금도 아리랑은 누군가에 의해 만들어지고 있다. 과거에는 지역적인 특성이 붙은 아리랑이 만들어졌지만, 지금은 한국사회의 공동된 현실 속에서 아리랑이 만들어지는 경우가 많다. 예를 들어서 한국이 서울 올림픽을 열 때나 경제적으로 어려움을 겪을 때, 아리랑이 만들어졌다. 또한 2002년 월드컵이 열렸을 때, 한국의 아리랑은 힘찬 록 버전의 아리랑으로 탄생됐다.

일곱, 유명 보컬에겐 저마다의 아리랑이 있다.

아리랑은 한국에서 노래를 잘 부르는 명창들의 대표곡이기도 했다. 더불어서 한국의 명창들의 마지막 녹음이 바로 아리랑이기도 했다. 한국에는 '판소리'라는 이름의 노래가 있다. 스토리가 있는 긴 이야기를, 이야기(아니리)와 소리(노래), 발림(연기, 퍼포먼스)을 함께 하면서 부르는 노래다.

이 판소리를 부르는 마스터(인간문화재, National Treasure) 중 대표적인 인물인 김소희 명창, 박동진 명창도 마지막으로 아리랑을 녹음했다. 김소희 명창은 '상주아리랑(봉화아리랑)'을 남겼고, 박동진 명창은 젊은 가수의 음반에 북을 치면서 아리랑으로 참여했다.

한국의 유명 여가수 이난영(1906~1965)도 미국의 에드설리번쇼에 출연해서, 세 딸(김시스터즈)과 함께 '아리랑'을 가사로 한 노래를 불렀다. 한국 최고의 록밴드 'YB'도 아리랑을 통해서 대중들에게 더 많이 알려졌고, 한국의 소프라노 가수 조수미도 '아리아리랑'이란 노래로 전 세계에 널리 알려졌다.

여덟. 'T', 'P', 'O'에 따라 다른 의미를 지닌다.
이것이 합쳐진 '축제'다.

아리랑은 지역에 따라서 다르고, 시간에 따라서도 다른 노래다. 더불어서 아리랑은 'T'(시간), 'P'(장소), 'O'(상황)에 따라 다르다. 같은 사람이 같은 곡조를 부르더라도, 아침에 부르는 아리랑과 저녁에 부르는 아리랑은 느낌이 사뭇 다르다. 시간과 그 시간이 주는 기분에 따라서, 다른 느낌이다.

아리랑은 조용히 푸념하듯이 혼자 부르기도 하고, 여러 사람이 모인 장소에서는 다 같이 부르는 '국가(國歌)'처럼 들린다. 또한 아리랑은 일제강점기에는 전쟁으로 인해서 죽음을 맞은 이들의 장송곡(葬送曲)이기도 했다. 지금은 월드컵과 같은 큰 경기에서 한국 사람들을 하나로 만드는 응원가(應援歌)로 정착했다. 한 힙합그룹의 아리랑을 들으면, 그건 아리랑이 욕설(辱說)을 대신하기도 한다.

어떤 아리랑에는 아리랑과 연결된 구음(口音, Nonsense Syllable)을 통해서 사랑(연애)을 하고픈, 혹은 둘이서 하나된 것을 구체적으로 말한다. (여성의) 심리(음~ 음~ 음~)가 내재되어 있음을 알게 된다.

아홉. 아리랑은 갈등을 멈추게 한다.

현재 한반도는 남과 북으로 분단되어 있다. 이념의 장벽이 아주 크다. 현재 남과 북은 한민족이기에 비슷한 언어를 사용하고 있지만, 남과 북에서도 같이 부를 수 있는 노래는 많지 않다. 서로 이념이 다르기 때문이고, 분단 된 지 오래되었기 때문에 음악이 저마다 변화, 발전되었기 때문이다.

아리랑은 남과 북이 같이 부를 수 있는 대표적인 노래다. 국제경기대회에서 남한과 북한이 단일팀으로 참가할 때, 여러 가지 갈등이 있었지만, 단일팀의 국가를 '아리랑'으로 하자는데 전혀 이견이 없었다.

아리랑을 주제로 한 축제도 있다. 한국의 강원도 지역에서의 축제가 가장 오래되었다. 학자에 따라서는 강원도 지역의 아리랑을 '아리랑의 원류'로 보기도 한다. 이외에도 여러 지역에서 아리랑을 테마로 한 축제가 열리고 있다.

열. 노래가 아니다. 그 이상이다.

아리랑은 노래로 출발했다. 하지만 이런 아리랑은 한국문화 전반에 큰 영향을 끼쳤다. 연극, 영화, 무용, 뮤지컬, 오페라 등에서 '아리랑'이 제목이거나, '아리랑'의 노래와 정서를 담은 작품들이 꽤 많다.

현재 아리랑은 유네스코 인류 무형유산 걸작(Intangible Cultural Heritage of Humanity)으로 등재돼 있다. 특히 국악(GUGAK) 분야에서는 아리랑이 자신들의 음악의 큰 뿌리가 되고 있다. 아리랑을 어떻게 재창조하느냐? 이것은 바로 그들(개인, 단체)의 생각이나 느낌, 더불어서 역량을 알 수 있는 좋은 판단근거가 된다. 당신이 한국을 속 깊게 알고 싶다면, 당신은 우선 '아리랑'부터 알아야 할 것이다.

Ⅱ. 5대 아리랑

1. 정선아리랑 & 강원도아리랑

아리랑은 태산준령이다. 아리랑은 백두대산의 산과 능선을 타고, 태산준령을 넘어 번져갔다. 그런 아리랑에서 태산준령의 기운을 느낄 수 있다.

한반도 땅 곳곳에 저마다의 독특한 문화가 있다. 그것이 한민족의 문화 전체를 만들어내듯. 아리랑은 이 땅의 곳곳에서 독특한 개성을 가지고 변화, 발전되었다. 아리랑은 마치 살아있는 생명체처럼 오늘도 진화하고 있다.

외국의 문화학자와 음악학자는 한국의 아리랑을 듣고 놀란다. "그리 크지 않은 땅에, 어찌 그리 아름다운 노래가 무수히 존재할

까?" 한반도 땅에 아리랑이 무수히 많이 존재하고 있다. 아리랑은 같은 듯 다르고, 다른 듯 같다. 아리랑의 묘미는 여기에 있다. 학자들은 아리랑의 뿌리가 되는 아리랑으로 정선지방의 가락을 꼽는다.

정선아리랑은 담담하다.

기교를 배제하고 부르는 아리랑이다. 몸에 힘을 빼고 부르는 아리랑이다. 올라가는 선율보다 내려가는 선율이 많은 정선아리랑은, 때론 나약한 듯 부드럽게 이어져 간다. 때로는 애잔하고 슬픈 것 하지만, 듣다보면 그윽하고 평온하게 다가온다.

정선아리랑은 한국의 강원도 산간지방의 산세를 닮았다. "태산준령 험한 고개 칙 넝쿨 얽으러진 가시덤불 헤치고…" 그렇다, 정선아리랑은 태산준령(泰山峻嶺)이다. 큰 산과 험한 고개가 많은 강원도 산간에서, 자연에 순응하면서 살았던 사람들처럼, 담담하고 소박하게 가락이 이어진다. 정선아리랑, 아리랑은 태산준령이다.

강원도아리랑은 녹녹하다.

딱딱하거나 굳세진 않아도, 무르고 보드라운 매력이 느껴진다. "아주까지 동백아 열지 마라, 누구를 괴자고 머리에 기름" 강원도아리랑은 동백기름을 머리에 곱게 바른 여인네처럼, 부드럽게 이어진다. 강원도아리랑 특유의 엇모리 리듬(8분의 10박자)을 타고 가락이 흐른다. 2분박(duple rhythm)과 3분박(triple rhythm)이 결합한 독특한 리듬의 엇모리! 엇모리 장단은 한국인들에게 신비감을 주는 리듬이고, 신비로운 존재의 출현을 알리면서 현실을 잊게 해주는 리듬이었다. 그렇다, 강원도아리랑은 암하노불(岩下老佛)이다. 바위 밑의 늙은 부처처럼, 삶의 여유 있게 관조하고 있는 노래다. 언제가 우리들을 도와줄 미륵부처(未來佛)처럼, 현실의 버거움을 잊게 해준 노래였고, 그 밑에는 해학적인 미소가 느껴진다.

2. 밀양아리랑

아리랑은 열정이다. 당신은 기억 하는가? 1988년 서울올림픽, 2002년 월드컵은 위대했다! 한국인의 뜨거운 열정에 전 세계는 놀랐다. 그 현장에도 아리랑은 존재했다. 한국인들은 모두 아리랑을 신명나게 부르며 하나가 됐다. 한국이 그런 것처럼, 아리랑도 변화, 발전되었다. 아리랑은 시대에 따라, 조금씩 모습을 달리했다. 과거의 슬픈 아리랑은, 현대의 기쁜 아리랑으로 변했다. 한(恨)은 흥(興)이 되었고, 한숨은 노래로 바뀌었다.

아리랑은 그렇게 한국인들에게 힘과 용기를 불어넣어 주었다. 아리랑이 있는 한, 한국인의 의지는 뿌리를 내린다. 아리랑이 있는 한, 한국인의 열정은 불꽃을 피운다. 아리랑은 이렇게 '열정의 상징'으로 빛난다. 우리 전통아리랑 중에서, 가장 열정이 느껴지는 아리랑은 어떤 아리랑일까? 밀양아리랑이 아닐까?

밀양아리랑은 꿋꿋하다.

흥과 신명이 가득한 아리랑이다. 들썩한 움직임이 느껴진다. 이 노래는 투박하지만 정이 깊은 경상도 지방의 남정네의 노래다. 힘이 느껴지는 아리랑이기에, 일제강점기에 독립군아리랑의 선율이 되기도 했다. "아리 덩더쿵, 쓰리 덩더쿵, 아라리가 났네. 아리랑 어절씨구 잘 넘어간다"

노래 속에서 어딘가에서 들리는 신명난 북소리가 들리는 것 같다. 밀양아리랑은 송죽대절(松竹大節)이다. 소나무처럼, 대나

무처럼, 강인하게 살았던 사람의 결연한 의지와 같은 노래다. 밀양아리랑은 꿋꿋하다.

3. 진도아리랑

한반도의 기후와 지형조건, 인심에 따라서 조금씩 모습을 달리한 아리랑! 그러나 그 노래에는 공통점이 있다. 그 노래는 모두 저마다의 곡조와 리듬은 조금씩 달라도, 모두 이 땅에 사는 사람들의 마음을 따뜻하게 다독여주었다는 점이다. 아리랑에 온도가 있다면 그건 우리의 체온과 같은 섭씨 36.5가 아닐까? 아리랑은 오늘도 이 땅 사람들의 몸과 마음을 따뜻하게 감싸준다.

아리랑이 있는 곳에 한국인이 있다. 그리고 이제 그 아리랑은 지구촌을 향해 날개를 펼쳤다! 우리가 알고 있는 아리랑 외에, 이 많은 아리랑 중에서 국내외적으로 많이 알려진 아리랑은 어떤 아리랑일까? 영화 '서편제'를 통해 알려졌고, 국내외 국악공연에서 앵콜로 불리거나, 대미를 장식하는 진도아리랑일 것이다.

진도아리랑은 넉넉하다.

기름진 쌀이 많이 나고 먹을 것이 풍성했던 지역 특유의 넉넉함이 있다. 일을 놀이처럼, 놀이를 일처럼 생각했던, 농사짓는 사람들의 건강한 움직임이 느껴진다. 이 노래에선 사람간의 살가운 정이 느껴진다. 전라도 아낙네들의 끈끈한 생명력이 느껴진다. "아리아리랑 쓰리쓰리랑 아라리가 났네, 아리랑 응~응~ 응~ 아라리가 났네"

아리고 쓰린 모든 상처를 노래 속에 용해해서, 구성지게 풀어내고 있다. 인생의 아림도, 인생의 쓰림도, 노래 속에서 모두 긍정의 힘이 된다. 그렇다. 진도아리랑은 풍전세류(風前細柳)이다. 바람 앞에서 버들가지가 춤을 추듯, 인생의 세파에 잘 견뎌내는 모습이다. 진도아리랑은 넉넉하다.

4. 해주아리랑

눈가에 이슬처럼 눈물이 맺혀 부르는 아리랑이다. 아리랑 고개를 넘어간 사람을 그리는 노래이긴 하다. 그러나 깊은 슬픔에 빠져서, 눈물이 축축 흐르는 노래가 아니다. 진주처럼 영롱하게 슬픔을 승화시킬 줄 아는 아리랑이다. 해주아리랑은 경쾌한 '세마치 장단'을 통해서 새로운 기쁨을 노래한다. 후렴구에서 '아리아리 얼쑤'라는 추임새를 통해서 희망을 기약한다. 또 다른 인연과, 또 다른 내일을 기약하는 모습이 비춰진다. "저기 가는 저 아가씨 눈매를 보소. 겉눈을 감고서 속눈만 떴네."

해주아리랑은 촉촉하다.

그렇다. 해주아리랑은 춘파투석(春波投石)이다. 봄의 호숫가에 돌을 던지면 파문이 일어나듯, 조용히 반응하면서도 깊은 성찰이 느껴지는 아리랑이 해주아리랑이다. 많은 아리랑 중 가장 경쾌하고 희망적인 아리랑이 해주아리랑이다.

5. 구아리랑

만약 당신이 외국인이라면, 지구촌 어딘가에서 한국인을 만났다면, 그에게 아리랑을 불러줘라. 아리랑의 삼박자에 당신의 마음을 편하게 맡긴다면, 그럼 자연스럽게 아리랑의 선율이 당신의 입을 통해 나올 것이다. 당신의 아리랑 가락에, 상대는 아름다운 미소로 화답할 것이다. 그리고 당신이 한국인이라면, 당신에게 아리랑을 들려준 그 사람을 위하여, 아리랑을 들려준 외국인을 위해서, 당신은 그 아리랑의 뿌리가 된 '구아리랑'을 들려주어라.

구아리랑은 풋풋하다.

지금 세계인들이 잘 알고 있는 '아리랑'이 탄생하기 전, 서울을 중심으로 널리 불린 아리랑이 있다. 지금은 이 아리랑을 '구아리랑'이라고 부른다. "풍년이 온다네, 풍년이 와요. 이 강산 산천에 풍년이 와요." 단아한 삼박자에 소박한 오음음계를 타고 흐르는 전형적인 선율, 이 노래는 한반도의 중심인 서울, 경기사람들의 깔끔한 성격과 닮아 있다. 그렇다, 구아리랑은 경중미인(鏡中美人)이다. 거울 앞에서 자신의 모습을 단장하는 여인처럼, 단정하고 고운 매력이 있다. 가락도 분명하고, 리듬도 단순해서, 누구든 확실하게 알 수 있는 아리랑이다. 구 아리랑, 이렇게 맑고 깨끗하고, 순수한 아리랑이다.

III. 아리랑을 이해하는 키워드: 고개, 강남, 여성

1. 고개

아리랑을 연구하는 학자들은 아리랑 가사에 등장하는 '고개'의 의미에 주목한다. 아리랑에 등장하는 '고개'는 대체적으로 '수난' 혹은 수난을 이겨내는 극복의 대상이 된다. 더불어 이런 고개는 때로는 '술집', '주막' 등과도 연관된다. 〈아리랑술집〉과 같은 노래가 대표적이다.

더불어서 전해 내려오는 아리랑 가사에는 〈작부(酌婦)자탄 아리랑〉도 있다.

⋮

얼굴의 허물은 분칠해도 / 속 없는 아양은 정 죽겠소 /
아리랑 아리랑 아라리요 /
작부의 팔자로 왜 태났나. 비단옷 고읍게 단장해도 /
더럽다 가래침 뱉아네 /
아리랑 아리랑 아라리요 /
그래도 이 몸은 사람이야 / 술상에 흐르는 누른 술은 /
이 나의 속 썩는 눈물이라 /
아리랑 아리랑 아라리요.

(월간 『실생활』, 1934년 8월호)

⋮

2. 강남

일제강점기의 '아리랑'에 관심을 둔 입장에서는, 아리랑과 연관된 이러한 '고개' 및 그와 연관어와 대치된다고 보이는 '강남'이란 가사에 주목하게 된다. 이는 바로 '이상향'이자 '희망'이기 때문이다. 아리랑과 연관된 '강남'이란 지명은 어느 특정 지역이라기보다는, 버거운 현실을 잊게 해주는 희망의 장소이다. 그것은 현실적인 '고개'를 넘으면, 그 어디에선가 우리를 반가운 이상향인 것이다.

아리랑 계통의 노래 중에서는 〈아리랑강남〉, 〈강남아리랑〉이란 제목의 노래가 있다. 아리랑과 관련된 여러 형태의 가사를 비교해 보아야 하겠지만, 아리랑에는 '고개'와 등장하는 가사가 고난의 극복이라면, '강남'은 아리랑을 사랑하는 사람들의 '이상향'이다. 전형적인 민요조로 부르는 '강남아리랑[고마부(공사일) 작사, 형석기 작곡, 윤건영 노래, Polydor 레코드사, 1934년 6월]'이다.

⋮

강남아리랑
아리랑 아리랑 아라리요 / 아리랑 강남을 언제나 가나 /
강남은 멀어서 이천 칠백리 / 한달하고 열흘을 찾아 가면은 /
꽃 피고 새 우는 별유천지라네 / 강남은 사시시절 꽃 피는 나라 /
밤낮으로 헤매어 찾아가면은 / 별들은 반가이 맞아 준다네.

⋮

3. 아리랑과 여성: 여성이 주체가 된 노래로서의 아리랑

아리랑은 민중의 노래로 자연스럽게 생성, 발전해왔다. 그러
나 주목해야 할 사실 중의 하나는 이런 아리랑 계통의 노래 중에
는 일찍이 작곡가가 분명한 노래가 존재한다는 사실이다. 그리고
그런 노래들이 음반을 통해서 보급되었다는 사실이다.

아리랑은 이렇게 다수가 자연스럽게 만들고 부르게 되면서 자
연스럽게 퍼진 '민중의 노래'이자, 특정한 사람이 자신의 정서를
바탕으로 노랫말을 만들고 곡조를 지어서 부른 '개인의 노래'라
는 점이다. 그런데 이런 '개인의 노래'가 단지 개인차원에 노래에
머물거나 일시적인 유행에 그치는 것이 아니라, 그 노래가 보편
다수의 정서를 대변하면서 노래로서의 명맥을 상당한 기간 동안
유지해 왔거나, 아직도 유지하고 있다는 점이다. 여기에 아리랑
의 특이성이 존재한다.

1) 작곡가가 분명한 아리랑 노래: 방아 찧는 색시의 노래

작곡가가 불분명한 노래를 구전(口傳)된 노래를 '민요'라고
하고, 작곡가가 분명하고 음반 등을 매개로 해서 전파된 노래를
'가요'라고 일반적으로 얘기한다. 그런 점에서 볼 때, 초기 가요
로서의 아리랑, 곧 작곡가가 분명한 아리랑 계통의 노래 중에서

주목할 것은 〈방아 찧는 색시의 노래〉(김수경 작사, 홍난파 작곡, 최명수 이경숙 · 서금영 노래, 콜럼비아 레코드, 1931년)이다.

1930년대의 가요로서의 '아리랑'에 해당하는 노래가 몇 곡이 있는데, 이 곡을 대표적인 노래로 꼽을 수 있다. 당시의 생활상을 '아리랑'이란 노랫말 속에 집어 놓고 있는데, 그 노래를 부르는 주체는 '방아 찧는 색시', 곧 '전통'을 고수하고 있는 '여성'이라는 점이다. 아리랑은 많은 노래로 변화, 발전되었는데, 이렇게 '전통' 과 '여성'은 대체적으로 이어지는 정서라는 점에 주목하게 된다.

⋮

팔월이라 열 사흘 밤 달도 밝구나 / 우리 낭군 안 계서도 방아를 찧네 /
아리랑 아리랑 아라리요 /
햇 쌀은 찌여서 무엇하나 / 북해도라 석탄광은 깊기도 하지 /
우리 낭군 십년 세월 석탄을 파네 /
아리랑 아리랑 아라리요 /
석탄만 파면은 무엇하나 /
아랫 마슬 순이 애비 꼴은 못나도 /
삼년 세월 석탄 파서 돈 버러 왔네 /
아리랑 아리랑 아라리요 / 논 사고 밭 사고 집을 짓네.

⋮

2) 여성에 의해서 널리 알려진 노래 아리랑:
일제강점기의 유성기음반 가수

다시 한 번 생각해보자. 아리랑은 민요일까? 아리랑은 가요일 까? 아리랑과 관련해서 이런 분류는 무의미하다. 아리랑은 한민 족과 함께 하면서, 그들을 대변하는 노래로 존재해 왔다. 한민족 의 슬픔을 어루만져주었고, 용기를 북돋워주었다. 아리랑은 자연 스럽게 한민족을 대표하는 노래로 성장하였다.

아리랑은 입에서 입을 통해서 자연스럽게 알려진 노래이기도

했다. 하지만 이런 아리랑을 알리는데 음반과 방송이 큰 기여를
한 것 또한 사실이다.

그런데 그런 초기의 아리랑과 관련된 노래에서는, 노래 속의
주인공이 '여성'이거나, '여성(가수)'가 주체가 되어서 아리랑을
알렸다는 점이다.

이 글에선 주로 한국을 대표하는 여가수의 노래 속에 등장한
아리랑의 모습을 살펴보기로 하자.

3) 왕수복: 방송을 통해서 일본 전역에 '아리랑'을 알린 주인공

1934년 1월 8일, 왕수복이 '아리랑'을 불렀다. 당시 그는 열여
덟 살이었다. 경성방송국(JODK) 한국어 제2방송이 첫 전파를 타
는 날, 그녀는 마이크 앞에서 '아리랑'을 불렀다. 그녀는 일본 전
역에 중계되는 방송의 주인공이 된 것이다. 그녀는 JODK방송관
현악단 반주에 맞춰서 '아리랑'을 불렀다. 이 노래는 우리나라에
서 일본 전역에 방송한 최초의 중계방송이다. 그리고 그 전에도
일본인들도 아리랑을 접할 수 있었지만, 일본인이 방송을 통해서
공식적으로 듣게 된 아리랑으로서 의미를 지닌다.

왕수복은 이렇듯 우리가 요즘 '본조 아리랑'이라고 불리는 '아
리랑'뿐만 아니라, '그리운 강남'을 부른 주인공이기도 한다. 이
노래는 아리랑 계통의 노래로, 후렴구에 아리랑이 등장한다. 아
리랑을 통해서 '강남'이라는 '희망'을 노래하고 있다. 왕수복이
궁극적으로 서양성악(이탈리아 창법)식의 발성을 지향한 인물이
다. 따라서 아리랑은 전통적인 민요발성, 대중음악적인 발성, 서
양성악식의 발성 등으로 다양한 불린 노래로서의 의미를 갖는다.

알려진 바대로 왕수복은 남북분단 상황에서, 북한에 정착한
인물이다. 그는 기생출신의 가수로 성장을 해서, 북한 최고의 권

력을 유지하면서, 예술생활을 영위한 인물이다. 그는 평양음악무용대학에서 오래도록 제자를 양성하였다. 더불어서 북한의 음악계에서 '아리랑'의 존재성과 가치, 더불어서 북한식 창법의 '아리랑'에 있어서 전범이 된 인물이다.

4) 박단마: '아리랑목동'에서 '할미꽃아리랑'까지

⋮
'아리앙기당 승기당 승기당', '쓰리앙기당 승기당 음~~~~'
⋮

일제강점기에 사랑받은 노래의 후렴구로, 박단마의 〈처녀화원〉이다. 시집 갈 나이가 된 처녀의 심정을 3절의 가사를 통해 절묘하게 그려낸다. 1절은 꽃이여, 2절은 임이여, 3절은 꿈이여, 이런 가사로 시작해서, 자연현상과 주변인물 속에 자신을 대입하면서, 자신의 삶과 사랑을 솔직히 얘기한다. 이런 노랫말 속에서 '아리랑', '쓰리랑', '아리아리랑, 쓰리쓰리랑'의 변형이라 할 수 있는 '아리앙기당, 쓰리앙기당'이 발견된다. 이런 식의 표현법은 국악기(가야금)의 구음(口音)과도 연결이 되고 있다.

박단마는 일제강점기에 활약한 많은 여가수 중에서 가장 '모던 걸'적인 느낌이 강하다. 그는 우리나라 가요사에서 이른바 교태(嬌態)와 교성(嬌聲)으로 자신의 존재감을 드러냈다. 하지만 그녀의 간드러진 몸짓과 아양 섞인 목소리가 천착하지 않다. 박단마의 음성은 반주악기인 '뮤트(mute, 弱音효과)'를 시킨 관악기(트럼펫)를 통해서, 해학적이면서도, 다소 에로틱하게 다가온다.

1938년은 '박단마의 해'라고 할 수 있다. 〈나는 열일곱 살이에요〉(전수린 작곡), 〈날나리바람〉(이면상 작곡)을 시작으로 해서, 1939년에는 〈아이고나 요 맹꽁(훗날 '맹꽁이타령')〉(형석기 작곡)이 연속적으로 히트를 하게 된다. 그가 부른 노래 모두는 한민족 가요의 결작이요, 신민요의 고전이다.

박단마(1921~1992)의 노래인생도 '아리랑'을 통해서 정리가 가능하다. 그는 1950년대 작곡가 박춘석을 만나게 되고, 이른바 '극장식 쇼'의 최고 가수가 된다. 박춘석은 '박단마쇼'의 밴드 마스터가 되고, 이 시절에 〈아리랑목동〉이 탄생한다.

박단마의 '단마(丹馬)'는 '붉은 말'을 뜻한다. 그의 삶과 노래는 신나게 달리는 붉은 말과 같았다. 인기 가도를 달리던 박단마는 한국에 거주한 미국군인과 사랑에 빠져, 한국을 떠나 하와이에 정착한다. 눈, 코, 입이 또렷한 박단마는, 1972년 일시 귀국 했을 때, 정말 서양인 혹은 혼혈이라고 해도 믿을 정도의 외모의 여성이 되었다.

하지만 이런 모습과는 달리, 그녀가 대한민국에서 마지막 남긴 음반은 그대로 '아리랑'에 뿌리를 둔 정서로 일관했다. 훗날 오아시스레코드를 통해서 나온 박단마의 마지막 음반에는, 아리랑 계통의 노래가 세곡이 실렸다. 〈아리랑낭랑〉, 〈아리랑봄바람〉과 당시 유행했던 후배가수의 〈나를 두고 아리랑〉이였다.

우여곡절이 많았던 박단마의 삶과 그녀의 가요인생은 다섯 곡의 아리랑으로 남았다고 해도 과언이 아니다. 해방이전에는 〈아리랑낭랑〉, 〈아리랑봄바람〉, 〈할미꽃아리랑〉이고, 해방이후에는 〈아리랑 목동〉(1955), 〈나를 두고 아리랑〉(1970년대)이다.

⋮

할미꽃 아리랑
물오른 버들가지 한 아름 꺾어들고 / 아리랑 객주로 찾아를 가세
아리랑 아리랑 늙은이 아리랑 / 이 빠진 아리랑 대머리 아리랑
살풀이 장단에다 고깔을 제껴쓰고 / 아리랑 객주로 찾아를 가세
아리랑 아리랑 할미꽃 아리랑 / 지팡이 아리랑 주름… (하략)

⋮

아리랑에 관한 여러 해석이 있다. 그 중에서 '아리+랑'을 '아름다운 처녀'라는 해석이 있다. 그런데 〈할미꽃 아리랑〉은 제목처럼, 청춘을 뒤로한 노년의 분위기를 그려 낸다. 이빠진 아리랑, 대머리 아리랑, 할미꽃 아리랑은 그간의 다른 아리랑과 연관된 이미지와 다르다는 점에서 주목할 만하다. 아리랑과 관련해서 "점잖고, 틀지고, 능치고"란 표현을 연결하는 것도 독특하다. 대중가요 속의 아리랑은 이렇게 '아리랑'과 관련된 노래(곡조)뿐만 아니라 가사(정서)에서도 상당히 다양하다. 〈할미꽃 아리랑〉은 그런 좋은 자료가 된다.

일제강점기의 여러 가수들이 불렀던 〈아리랑 낭랑〉(처녀림 작사, 김교성 작곡)도 일제강점기의 희망을 노래한 아리랑 계통의 노래로서 지금까지도 회자되는 노래다. 이 노래에서는 '고개'를 봄이 오는 희망의 노래로 설정한 것에 주목하게 된다.

⋮

아리랑 낭랑
봄이 오는 아리랑 고개 제비 오는 아리랑 고개 /
가는 님은 밉쌍이요 오는 님은 곱쌍이라네 /
아리아리랑 아리랑 고개는 님 오는 고개 /
넘어 넘어도 우리 님만은 / 안 넘어요 /

달이 뜨는 아리랑 고개 꽃도 뜨는 아리랑 고개 /
우는 님은 건달이요 웃는 님은 도련님이지 /
아리아리랑 아리랑 고개는 도련님 고개 /
우러 우러도 우리 님만은 / 안 울어요. /

경사낫소 아리랑 고개 입춘대길 아리랑 고개 /
쪽도리에 나삼 소매 시집가는 아리랑 고개 /
아리아리랑 아리랑 고개는 쪽도리 고개 /
엇지 엇지도 좋았던지오 / 조금 울었어. ///

⋮

5) 아리랑, 곧 아릿다운 여성이 부른 대표적 노래 '영암아리랑'
   (1972년)

하춘화는 1970년대 아리랑 계통을 크게 히트시키면서, 당시 도시화되는 현실 속에서 아리랑으로 대표되는 농촌적, 토속적 정서를 그려낸 대표주자이다.

당시의 대중은 '아리+랑', 곧 '아릿다운 아가씨'인 하춘화를 남녀노소가 다 환영 했다. 하춘화는 처음 무대에 등장해서 '달이 뜬다, 달이 뜬다'를 느리게 무장단(無長短)으로 불렀다. "달이~~ 뜬다 / 달이~~뜬다 / 영암 고을에~ 둥근 달이 뜬~다" 이렇게 몇 글자 되지 않는 노래를 '유장하게' 끌면서 불렀다.

그것은 전라도 민요 '강강술래'가 단지 네 글자임에도 그것을 길게 끌면서 부르는 것과 같다. 그래서 어떤 이는 이 노래를 '강강수월래'라고 하지 않는가! 글자 하나를 길게 끌면서 부르는데, 이걸 우리는 '어단성장(語短聲長)'이라고 한다. 말은 빨리 부치고 나서, 그걸 곡조로 만들어서 길게 끄는 것을 말한다. 하춘화의 '영암아리랑'도 '강강술래'와 같은 전통적인 우리민요처럼 처음 시작을 길게 끄는 것도 그렇고, 어단성장의 원리로 부르는 것도, 그것과 똑같다. 이렇게 느리게 곡조를 끌다가 이제 리듬을 맞추게 된다.

그 시절, 〈영암아리랑〉은 남녀노소 다함께 박수를 치면서 따라 불렀다. 어린 여자아이도 박수를 쳤고, 빡빡머리의 남학생도, 향토민요를 삶에서 받아 들였던 할머니도 모두 모두 박수를 쳤다. 내게 '영암아리랑'은 전통적인 민요와 그다지 다르지 않은 노래였다.

:

달이~뜬다 / 달이~~뜬다 / 영암 고을에~ 둥근 달이 뜬~다

1절) 달이 뜬다 달이 뜬다 / 둥근둥근 달이 뜬다.
월출산 천황봉에 / 보름달이 뜬다
(후렴) 아리랑 동동 / 스리랑 동동~ / 에헤야 데헤야 어사와 데헤야 /
달 보는 아리랑 / 님 보는 아리랑~ //
2절) 풍년이 온다 풍년이 온다 / 지화자~~자 좋~~구나 /
저~~강 목메뜰에 풍년이 온다
(후렴) 아리랑 동동 / 스리랑 동동~ / 에헤야 데헤야 어사와 데헤야 /
3절) 흥타령 부네 흥타령 불어 / 목화짐지고 흥타령 부네
명실도령 목화짐은 장가를 처음가네~
　　　　　　　　　　　　　·
　　　　　　　　　　　　　·

　이 노래에서는, 달과 님을 등치(等値) 시키고 있다. 이건 저 멀리는 '정읍사'에서부터 시작을 해서, 황병기의 가야금(달아노피곰)이나 거문고(전인평)의 곡에게 까지 계속되는 정서이다.

　달이 뜬다. 달이 뜬다. '달이 뜨은은은은다' 이것은 말이 강강술래인데 제목은 마치 '강강수월래'이고, '강강수월얼얼래'처럼 가사를 길게 느려서 부르는 것과도 같다.

　가수 황금심이 돌아갔을 때, 하춘화가 이런 인터뷰를 했다. 민요를 부를 수 있어야 정말 '가수'라고 한 말이 기억난다. 이제 민족음악학에서도 대중가요에 관심을 두게 되었고, 우리나라에서도 민요를 하는 사람 혹은 클래식 혹은 대중음악을 적대적인(?) 관계로 보는 시각도 많이 없어졌다. 그러나 아쉬운 점이 있다. 이런 민요를 제대로 부르는 가수가 없다는 것이다.

6) '새마을'을 강조했던 1970년대의 아리랑

　아리랑은 지난 20세기에는 대체적으로 비슷한 분위기였다고 생각한다. 그러나 아리랑에 대한 한(恨)적인 요소를 배제한 노래는 일찍이 있었다. 김상희의 〈즐거운 아리랑〉(김강섭 작곡)은 해외 가요제를 겨냥한 곡이다. 그러나 이 노래는 전형적인 팝과 아

리랑을 만나게 했으나, 아쉽게도 사람들의 폐부에 파고드는 힘이
부족했다. 역시 김하정도 〈신 아리랑〉(신동운 작사, 여대영 작곡,
김하정 노래, 1973년)을 만들었으나, 마찬가지의 경우이다. 감강
섭과 여대영은 이봉조와 함께, 1970년대 텔레비전 시대에, 방송
악단(팝스오케스트라)을 이끈 주역이다. 아리랑을 통해서 밝고
희망찬 세상을 만들자는, 전형적인 '건전가요'의 범주에 드는 아
리랑이다. 환상은 있으되, 현실이 배제된 아리랑이다.

:

> 아리랑 아리랑 아! 아라리요 / 아리랑 고개 넘어 넘어 누가 있을까요 /
> 나만을 기다리는 님이 있어요 / 달려라 어서 가자 가자 님에게로 가자 /
> 아리랑 아리랑 아! 아라리요 / 아리랑 인생 고개 고개 웃으며 넘자 /
> 하늘에 밝은 해는 싱글 벙글벙글 /
> 얼씨구 알찬 보금자리 힘이 솟아난다.

:

7) '쿨'하게 헤어지면서 부르는 2000년대의 아리랑:
   장윤정의 '아라리'(2005년)

:

> 영원히 사랑하자던 그 말 잊으셨나요. /
> 이유를 알고 싶어요, 정말 미워요. /
> 단 한번 그대 눈길에 내 맘 너무 떨렸고, /
> 바람에 꽃잎 날리듯 흔들렸어요. /
> 얼마나 그댄 무정하기에, 피지도 못한 순정 꺾으시나요. /
> 사랑한다면 이별을 말고, 버릴 땐 내 눈물도 가져가세요. /
>
> 아리아리요, 아라리요. 내 곁에 돌아 올 순 없나요. /
> 좋아한다고, 사랑한다고, 왜 내 가슴에 새기셨나요. /
> 아리아리요, 아라리요. 가는 길 꽃 잎 뿌려 줄게요. /
> 행복하세요. 사랑했어요, 내 순정을 잊지 말아요. 잘 가세요. /

:

우선 '아리아리요, 아리리요'를 주목해 본다. 두 번 등장을 하는데, 어떤 말을 대신하는 것 같다. 바로 임에게 직접 못 하는 말을 이렇게 아리랑을 빌어서 대신하고 있다. 그 다음 구절을 통해 확인하듯, '아라아리요, 아라리요'는 '좋아한다고, 사랑한다고' 말을 대신한다. '행복하세요, 사랑했어요'란 심정이 담겨 있소. 아리아리요는 행복하세요, 사랑했어요와 함께, 모두 '요'란 어미를 통해서 운율감을 가져다주고 있다.

장윤정의 〈아라리〉는 이별의 노래고, '상사병'이란 부제를 부쳤다. 노랫말은 아리랑과 진달래꽃을 합쳐 놓은 것 같다. 사랑하는 임이 가는 길에 꽃잎을 뿌려 준다고 하고 있지 않다. 그런데 '아리랑+진달래꽃'을 합쳐놓은 이 노래의 곡조가 과거와는 다르다. 폴카 리듬을 타고 흐른다. 폴카는 경쾌하고 발랄한 대표적인 춤곡이다.

헤어지는 마당에서도 폴카리듬을 사용한다는 것은, 아리랑과 관련해서 음악적인 변화 혹은 반전을 의미한다.

이 노래는 계속 꿍짝꿍짝 거리는 리듬을 타고 흐른다. 여기에 색소폰 소리가 겹쳐진다. 그동안 한국의 트로트에서 눈물과 청승을 대변한 악기가 색소폰이라면, 여기서는 악기가 이 곡에서는 아주 발랄하게 진행된다는 점이다. 오음음계로 간주되는 스케일을 들락날락거리는 그 분위기는 이전과 다르다.

이른바 장윤정의 '아라리'는 '쿨'한 노래다. 헤어졌다고 질질 짜지는 않겠다, 보고 싶다고 징징거리지 않겠다는, 이별의 트렌드를 따라가고 있단 생각이 든다. 대한민국에서 트로트 만큼 '잘 우는 노래'가 어디 있을까? '청승'과 '청순'은 정말 한 끝 차이다. 이 노래는 청승을 버리고 청순을 따르면서, 순정만화 혹은 청춘 드라마와 같은 상황으로 전환하고 있단 말이요, 아리랑을 슬쩍 빌려와서 전개하고 있다.

8) 한국의 대표여가수에게는 모두 저마다의 아리랑이 있다!

한국을 대표하는 여가수들이 아리랑과 관련된 노래를 불렀다는 점이다. 이런 대표적인 경우는 1970년대 초반의 하춘화를 대표할 수 있다. 그런데 이런 현상은 그 이전에도 있었고, 그 이후에도 있었다는 점이다. 백난아, 박단마, 박재란, 이미자 등을 들 수 있다. 박재란의 〈아리랑 춘풍〉, 황정자의 〈아리랑 쓰리랑〉, 〈아리쓰리낭낭〉 등이 1960년대 가요에 있어서, 신민요풍의 아리랑 노래의 대표곡이라 할 수 있다.

이미자의 〈진도아리랑〉은 민요 〈진도아리랑〉과 제목만 같고, 가사와 곡조는 다르다. 전형적인 트로트풍의 노래다. 이 노래가 기존의 아리랑과 같은 점은 사랑하는 사람에 대한 '기다림'을 노래한다는 점과, 현실이 아무리 버거워도 그것을 '참아냄'이란 정서에서 통한다. 이것은 대체적으로 맥락을 같이한다.

1960년대의 아리랑 계통의 가요 중에는, 〈남도 신아리랑〉(황금심 노래)이 있다. 황금심은 해방이후 '신민요' 풍의 노래를 계승한 대표적인 여가수다.

1970년대에 이런 역할을 한 가수는 하춘화라고 할 수 있다. 그녀는 〈영암아리랑〉과 함께, 〈대관령아리랑〉(박춘석 작곡)을 불렀다. 강원도 지방의 아리랑과 연관이 되는 가요이기도 하지만, 이 노래의 가사를 통해서 알 수 있듯이, 박정권시대의 경제건설과 고속도로 건설과 연관된 노래이기도 하다. 그러나 대체적으로 아리랑 계통의 노래를 부르는 여성 주체들은 모두 '기다림'을 미덕으로 한다는 공통점이 있다.

1980년대에 나미가 부른 〈아리랑 처녀〉도 마찬가지다. 당시 유행한 댄스 분위기의 노래이고, 나미는 당시의 세련된 도시여성의 아이콘이었지만, 이 노래는 궁극적으로 '오늘도 님 기다리는 아리랑처녀'로 결론을 짓고 있다.

IV. 사회의 변화 속에서 현명히 대처했던
아리랑 가요

아리랑은 생명체다. 아리랑은 탄생 때부터 그 고유한 형질은 보존하고 있었지만, 시대에 따라서 그 모습을 달리하면서 변화, 발전해 왔다. 대체적으로 세 가지로 요약할 수 있다.

첫째, 우선 겉으로 가장 드러나는 현상은 리듬이 바뀐다는 점이다. 맘보, 차차차, 트위스트가 유행하던 시대에는 이런 리듬과 만난 '아리랑맘보' '아리랑 차차차' 등의 곡이 등장을 했다. 대중들이 선호하는 리듬에 따라서 아리랑의 기본적인 선율을 바탕으로 한 노래가 바뀌었다는 점이다.

둘째, 가사가 바뀐다는 점이다. 예를 들면 한민족의 시대적인 해결과제 혹은 지향점 등이 아리랑의 구조 속에서 가사로 다듬어져서 대중들 사이에 번진다는 점이다. 예를 들어서 '국산연초아리랑'(김용만 노래)이 그런 경우다. 국산 담배를 권장하는 사회적 캐치프레이즈를 아리랑의 가사와 곡조 속에 담아내는 것이다. 이른바 관제적인 건전가요가 한계가 있음에도 불구하고, 아리랑은 이에 비해서 상대적으로 영향력이 강하는 점이다. 1998년 IMF 구조금융의 시대에는 '98아리랑'(강산에 작사, 작곡, 노래)이 등장을 했다. 이 노래는 국민적으로 위기를 극복하지는 메시지를 역시 아리랑을 통해 표현하고 있다. '태워버릴 것은 태워버리자 재만 남기고'라는 가사와 함께, 국악기인 피리와 꽹과리를 통해서 국민들에게 기(氣)를 넣어주고자 하는 마음을 읽을 수 있다.

셋째, 한민족이 국민적으로 대내외적으로 주목을 받게 될 때, 아리랑은 늘 등장했다. 그래서 그런 현장에서 특유의 에너지를 발산했다는 점이다. 남북한이 단일팀을 조직해서 세계적인 스포츠대회에 참가할 때, 단일팀의 단가(團歌)로서 '아리랑'에 대한 남북한의 이견은 없었다. 또한 1988년 서울올림픽, 2002년 한일 공동개최 월드컵대회에서도 '아리랑'은 여러 형태로 존재해 왔다. 비록 서울올림픽의 공식가요는 아니었지만, '고요한 아침의 나라에서'(길옥윤 작사, 작곡, 김연자 노래)의 도입부에서는 아리랑이 등장을 한다. 이 노래는 올림픽 이전 일본에서는 이목이 집중된 곡이었다. 2002년 한일공동개최 월드컵 개막행사에서도 '평화의 아리랑'(박범훈 작곡, 김성녀와 어린이들 노래)이 만들어져서 불렸다. 특히 이 행사에서는 스타디움에 가득 모인 사람들이 한국의 타악기 중에서 가장 휴대가 편한 '소고(小鼓)'를 두드리면서 객석의 모두가 하나가 되었다는 점이다.

2002년 월드컵 전야제 때 선보인 조용필의 〈꿈의 아리랑〉은 현재까지의 아리랑 가운데 스케일적인 면에서 가장 큰 아리랑이라 할 수 있다. 한 곡 안에서의 음악적인 변화도 꽤 많은 편이다. 독창과 합창, 솔로악기와 전체악기의 변화를 통해서, 스케일이 큰 아리랑을 만들어냈으며, 한민족의 꿈과 이상을 만들어내고 있다.

주지하다시피 아리랑은 남과 북에서 계속 만들어지고 불린다. 북의 경우 가장 최근에 만들어졌고, 북한의 정권을 대변하는 아리랑은 〈강성대국 아리랑〉이다. 이는 전형적인 관제 노래이다. 이에 비교될 수 있는 아리랑이 바로 남쪽에서 만들어진 조용필의 〈꿈의 아리랑〉이 아닐까? 이를 통해서 아리랑은 분명 한반도의 공통분모이지만, 전혀 다른 체제 속에서 아리랑은 어떻게 만들어지고, 어떻게 소비(수용)되는지를 알게 해주는 비교의 잣대라고도 할 수 있을 것이다.

넷째, 아리랑은 앞과 같이 한국이 대내외적으로 주목을 받게 될 때, 대체적으로 공식적인 현장에서 불려진다. 하지만 이른바 '민요가수' 혹은 '트로트가수'가 개인적 차원에서 아리랑을 소재로 한 노래를 새롭게 만들거나 유행시키는 경우가 있다. 이 경우에는 '지역'과 연관되는 경우와 '통일'과 연관되는 경우로 나눠서 살필 수 있다. 전자의 대표적인 경우는 '울산아리랑'의 오은정이다. 그는 울산을 소재로 해서 트로트풍의 노래를 불렀다. 그는 이 지역 출신이 아님에도 '울산명예시민'이 되었다. 이런 전통은 거슬러 올라가면, 하춘화의 '영암아리랑'이 그 대표적인 모델이라고 하겠다.

1970년대 이후, 민요가수를 표방한 대표적인 경우는 김세레나와 김부자, 그들에게도 각각 〈한계레 아리랑〉(김세레나), 〈칠천만의 아리랑〉(김부자)이 있어서, 아리랑의 구조 속에서 '통일'을 지향한다. 이런 노래는 국악기를 '대금'을 직접적으로 쓰기도 하고, 아니면 신디사이저를 통해서 '대금'적인 음색을 표현한다. 마치 대금의 '청' 울림을 통해서, 분단의 한(恨)을 그려내고자 하는 의도를 어렵지 않게 알 수 있는 노래 및 편곡 형태다.

[부록] 아리랑과 나운규

아리랑과 연관된 가장 중요한 인물은 나운규(1902~1937)요, 중요한 작품은 무성영화 '아리랑'(1926)이다. 무성영화 아리랑의 원본필름은 세상에 존재하지 않는 것으로 결론이 지어졌다. 더불어서 나운규는 역사적 인물이요, 때론 신화적 존재가 되고 있지만, 우리에게 피부로 다가오지 않는다.

(이제 나운규를 생생한 인물로 만들어내야 한다. 김산이 그러하듯이, 나운규를 소재로 한 작품이 나와야 한다. 팩션(Faction) 형태의 작품이 될 수밖에 없으리라. 나운규 삶이 그리 많이 알려지지 않았기에, 작가적인 상상력을 필요로 한다. 팩트(fact)와 픽션(fiction)을 잘 엮어서 작품을 만들어내야 한다. 역사적 사실에 근거하여 스토리텔링을 만들어내야 한다. 특정 시대의 특정 개인의 삶을 다루는 것이지만, 거기에 한 시대의 문화적인 기운을 느끼게 하고, 그것과 지금과의 연결 고리가 분명해야 한다.)

나는 오늘도 나운규를 만난다. 아리랑과 겹쳐지는 그는 어떤 유언을 남기고, 이 세상을 떠났을까? 아마 그는 이렇게 말하고 싶지 않았을까? "나, 떠날 시간이요. 아리랑은, 이제, '당신의 노래'요. 아리랑이 앞으로 기쁨의 노래가 되길 희망하오. 내 살았던 이 시대는 마치 겨울과 같았소. 당신들의 시대는 봄처럼 따스하길 바라오. 당신들이 아리랑과 함께 봄의 역사(春史)를 만들어주시오."

나운규가 탄생한지 110년이 되는 2012년. 대한민국은 아리랑 축제의 소용돌이 속에 있다.

(나 또한 그중에 한 역할을 담당하고 있다. 나는 그런 아리랑과 관련된 일을 하면서, 늘 미안한 마음을 갖고 있다. 앞으로 꼭 언제가 나운규와 아리랑을 소재로 한 음악극을 만들어야 한다. 그게 그간 나운규 혹은 아리랑에게 진 빚을 갚는 일이다. 그게 아리랑의 새로운 봄을 맞는 일이요, 나운규의 호를 제대로 되찾게 해주는 일이 된다. 비록 대한민국이 아리랑페스티벌을 통해서 새롭게 아리랑을 조명하는 이 시기에는 어렵다손 치더라도.)

나운규와 관련된 자료 중에서, 그의 삶에 있어서 중요하다고 여겨지는 열 가지 사실을 알아냈고, 그리고 상상력으로 내 마음의 나운규를 만난다. 독자 또한 나운규를 함께 만나주길 바라면서.

01. 함경도 회령. 한약방

함경도 화령에서 태어난 나운규. 아버지는 한약방을 했다. 요즘 말로 하면 한의사였다. 어린 운규는 아버지가 환자를 치료하는 모습을 유심히 본다. 하나의 중요한 사실을 발견한다. 아버지는 아파서 온 사람에게 그 아픈 부위를 치료하는 것이 아니라, 다른 부위에 침을 놓고 뜸을 뜨는 것이다. 눈이 아프다고 온 사람에게 눈을, 이가 아프다고 온 사람에게 이를 치료하는 방식이 아니었다.

운규는 의문이 생겼다. 아버지에게 조심스레 물어본다. 아버지는 대답한다. 인체도, 세상도, 우주도, 모두 서로 연관되어 있다고 말한다. 그러하기에 어떤 문제가 생겼을 때, 그 문제에만 매달리기보다, 그런 문제가 발생하게 된 원인을 찾는 것이 중요하다고 얘기한다. 아버지는 어린 운규에게 이렇게 두 글자를 써 준다. '근원(根源)'이란 단어였다. 운규는 이 글자에 집중한다. 근(根)

과 원(源)자를 구성하고 있는 왼쪽 부수가 되는 나무[木]과 물[水]임을 알게 된다.

02. 만주 북간도의 명동학교

조선의 독립에 지대한 영향을 끼친 민족교육기관. 이 학교는 일찍이 토론문화를 수업에 적용시켰다. 토요일이면 모든 학생들이 나무로 된 책걸상을 뒤로 밀고, 물로 대청소를 한다. 그리고 모든 학생이 그 마루 바닥에 빙 둘러 앉는다. 모두 사람들은 둥근 원 속에서 모두 공평한 관계가 된다. 하나의 주제를 정해서 이야기를 한다. 처음엔 목소리 큰 친구의 얘기에 귀가 팔린다. 그의 얘기가 맞는 것 같다. 때론 자신 없이 얘기하는 친구의 얘기는 그저 흘려듣게 된다. 하지만 그의 얘기 속에 중요한 사실이 담겨 있을 줄이야.

운규는 깨닫는다. '언어'를 매개로 해서 사람들의 생각이 변화, 발전된다는 사실을 깨닫는다. 더불어 누군가가 누군가에게 강요하고 지시하는 것이 아니라, 함께 고민하고 타협하면서 생각의 접점을 알아가는 사실에 묘한 쾌감을 느낀다.

03. 일본군과의 싸움

나운규는 독립운동에 가담을 하게 된다. 독립군가를 부르면서 훈련을 한다. 나운규의 손에 칼이 쥐어지고, 총이 쥐어진다. 나운규는 일본군과의 충돌 중에 상대에게 총을 겨눈다. 그러나 결국 쏘지 못한다. 나운규는 아버지의 얼굴이 떠오른다. "눈에는 눈, 이에는 이"가 아닌 것처럼, "칼에는 칼, 총에는 총"은 아니다.

동료 간에 겁쟁이로 찍힌 나운규는 결국 '왕따'가 된다. 그는 독립군 사이에서 가장 나약한 고문관으로 낙인이 찍힌다. 일본군 앞에서 총도 못 쏘고, 오줌만 쌌다는 얘기가 동료들 사이에 나돈다. 새벽녘 나운규는 짐을 챙겨서 독립군 의혈단을 나오게 된다.

04. 고향의 노래

아버지도 세상을 떠나고, 친구와도 거리감이 생긴 나운규. 그는 이제 고향을 떠난 결심을 한다. 저기 두만강에서 뗏목이 떠오고 있다. 조선의 노동자들은 노래를 부른다. "서산에 지는 해는 지고 싶어지나, 나를 버리고 가시는 님은 가고 싶어 가나." 그 노래의 곡조와 가사가 청년 운규의 마음에 파고든다. 나운규는 복받친 설움에 끝내 그 울어버린다. 자신의 울음소리는 어느새 두만강 뗏목꾼들의 그 곡조에 닮아 있었다. "아리랑 아리랑 아라리요. 아리랑 강남을 찾아가세."

05. 단성사의 단역배우

무작정 서울로 상경한 나운규. 그는 인력거꾼과 가마꾼으로 생계를 유지한다. 그러다가 어느 기생을 인력거에 태우게 되고, '단성사'란 곳을 알게 된다. 거기서 만난 연극과 영화. 나운규는 거기에 눈과 귀를 빼앗게 된다. 그리고 명동학교 시절을 그려본다. '말'이란 것이 '움직임'과 '대화'와 만나서 깊은 '메시지'를 전달하는 방식에 매료된다. 연극도 좋았지만, 특히 당시로서는 첨단매체인 '영화'에 빠지게 된다.

단성사에게 연극공연이 이루어졌다. 가마꾼의 단역이었는데, 모두들 거부하는 눈치였다. 나운규는 가마탄 배우가 미인이고 몸도 가벼운데 왜 모두 하려하지 않을까 궁금했다. 그런데 그녀는 심하게 속앓이를 알고 있었다. 그래서 가마가 움직일 때 마다 방귀를 꿰었는데, 그 냄새가 무척 지독했기 때문이다.

나운규는 자처해서 가마꾼 역할을 따낸다. 그에게도 방귀 냄새는 지독한 것이었지만, 그는 내색 않고 유쾌하게 가마꾼 역할을 했다. 그는 연출에게 눈에 들게 되고, 방귀쟁이 여배우와도 말을 하는 관계가 되었다. 두 사람의 관계가 돈독해졌을 때, 나운규는 그 여배우에게 말했다. '서당개 삼년이면 풍월을 읊는다'고 했던가. 어린 시절 아버지에게 들었던 얘기를 해주면서, 그녀가 속 앓이에서 해방되는 일에 도움을 주게 된다.

06. 영화 '아리랑'을 연출하다.

연극의 연출자와 여주인공으로 도움으로, 이제 나운규는 영화라는 첨단매체를 배우고 익히게 된다. 꿈에 그리던 영화 연출을 하게 된다. 나운규의 〈아리랑〉은 개(일본)와 고양이(조선)란 자막을 통해 속박하는 자와 속박당하는 자를 우회적으로 그려냈다.

영상 촬영을 끝낸 그는, 변사에게 노래하나를 꼭 불러달라고 말한다. 영화에서 주인공 영진이가 일경에 끌려가며 고개를 넘는 장면에서 마을 사람들이 함께 부르는 노래였다. 영화의 하이라이트였다. 변사가 부르는 노래는 많은 사람들의 심금을 울렸고, 하나둘씩 따라 불렀다. 이 노래는 어디에 근원을 두고 있는 노래인가? 바로 그가 함경도 회령에서 뗏목군이 불렀던 노래를 바탕으로 한 새로운 '아리랑'이었다. 영화는 대박이 났다. 영화의 인기가 워낙 대단한지라, 부정적인 시각으로 보는 일본경찰도 이 영화에 대한 직접적인 탄압은 가해질 수 없는 상황이었다.

07. 영화 〈심청전〉을 통해서 심봉사 명배우로 등극하다.

영화계의 다크호스로 떠오른 나운규. 그는 배우로서 입지를 굳히게 된다. 영화 〈심청전〉에서 심봉사 역할을 훌륭히 소화해냈다. 그는 눈에 보이는 것이 없는 역할을 맡으면서, 과연 자신의 보이는 것이 진짜 존재하는 것인가, 하는 화두를 갖게 된다. 자신이 너무도 영화나 연극이라는 매체에 집착해서 '보여주고', '들려주는' 것에만 집착하고 있다는 생각에 미친다. 대중적으로는 최고의 배우로 자리매김했지만, 나운규 개인에게는 슬럼프와 우울증을 겪게 된다.

08. 일본방문(여행)의 구설수

나운규는 자신의 예술적인 한계를 실감하고, 이를 극복하고자 힘을 쏟는다. 그러면서 일본영화계와 문화계를 시찰하기로 결심을 한다. 당시 조선보다 첨단문화를 받아들이고 있는 일본에게서의 경험을 통해서, 자신의 영화와 예술을 더욱 발전시키고자 하는 순수한 의도였다. 또한 일종의 지일(知日)을 통한 극일(克日)이었다. '알아야 이긴다'로 생각하는 일본을 순회하였다. 그러나 그가 조선에 다시 돌아왔을 때, 영화계와 대중들이 나운규를 대하는 태도는 싸늘했다. 민족영화를 만들었던 나운규가 마치 이제 '친일영화'라도 만들 것처럼 사람들은 그를 경계했다. 나운규는 종로통 단성사 앞 술집에서 왕대포로 마시며 지내는 신세로 전락을 하게 된다.

09. 영화 〈사랑을 찾아서〉를 완성하다.

영화를 만들려고 해도 초기 단계에서 엎어지고, 또한 영화를 만들었어도 흥행에서 참패한 나운규의 심신은 극도로 황폐해진다. 나운규는 아버지의 유품(遺品)인 '침'을 꺼내서 급소를 찌르고 싶은 충동마저 일게 된다. 그러나 어린 시절 아버지가 해준 '근원'이라는 두 글자, 그리고 그 '나무'와 '물'이 있는 자신의 고향을 상상한다.

그런 그림과 함께 들리는 소리가 있었다. 바로 어린 시절 태평소, 나발을 앞세우고 춤추고 노래했던 마을굿이었다. 그는 '태평소' 소리에 끌렸다. 태평소(太平簫)는 이름처럼 '평화의 나발'이란 생각에 미쳤다. 자신의 몰골이 마치 늙은 나팔수란 생각에 미쳤다. 나운규는 지금까지 자신이 배우고 익혔던 모든 지식을 동원해서 늙은 나팔수가 주인공인 〈사랑을 찾아서〉란 영화를 만드는데 온 힘을 쏟는다.

　나팔수란 누구인가? 그는 잠든 사람을 깨우는 '프런티어'와 같은 존재다. 농악판에서, 혹은 전쟁판에서 앞서가면서, 사람들의 사기와 신명을 북돋우는 사람이다. 그러나 나팔수는 결국 제일 먼저 희생되는 존재이기도 하다. 나운규는 영화인생을 살았고, 그 안에 민족의식을 담고자 했던 자신이 나팔수였고, 이제 늙은 나팔수로서 소명을 다해야 한다고 자각한다.

　나운규가 직접 제작, 감독과 함께, 늙은 나팔수 역할을 맡은 이 영화 〈사랑을 찾아서〉는 드디어 성공하게 된다. 나운규는 이제 다시 명실상부하게 민족영화의 대부로 자리매김하게 된다.

10. 아리랑의 봄을 꿈꾸다.

　북촌의 어느 작은 한옥. 나운규가 세상을 떠나려 한다. 〈아리랑〉과 〈사랑을 찾아서〉를 세상에 남기고 이제 이 세상을 떠나려는 나운규. 지나온 세월이 마치 필름처럼 스쳐지나간다. 자신의 호를 춘사(春史)라 했던 나운규. 그는 조선의 봄, 조선영화의 봄, 조선문화의 봄을 꿈꾼다.

　나운규는 자신의 임종을 지켜보는 사람들에게 마음속으로 이렇게 얘기한다. "아리랑은 슬픈 곡조라오. 아리랑은 '평화의 노래'요, 궁극적으로 '봄의 노래'라오. 이런 아리랑을 이제 즐겁게 희망차게 불러주시오.

　이제 이 세상을 떠나는 나운규 앞에 모인 사람들, 누구 먼저랄 것도 없이, 나직이 아리랑을 부르고 있다. 나운규는 지긋이 눈을 남는다. 그 안에 아버지가 있었다. 아버지는 가슴에 품은 침 하나를 꺼내서 나운규의 배꼽(옴파로스)에 침을 꽂는다. 나운규의 얼굴에는 편안한 미소가 번진다. "이 침은 오래도록 아주 편안하게 잘 잘 수 있는 침이란다." 나운규의 눈가에는 눈물이 하나 주르르 흘렀으되, 그의 입은 흰 이를 조금 드러내면서 웃는 모습과 같았다. 사람들의 아리랑 노랫소리는 조금 더 고조되고, 나운규는 태평소를 부는 '나팔수'가 되어서 저 멀리, 저 멀리 걸어가고 있었다.

역사를 만든 혁신의 아이콘

고추
− 한국인의 입맛을 바꾸다 −

주영하   한국학중앙연구원 교수

▲ 고추밭 모습

고추
−한국인의 입맛을 바꾸다−

I. 고추의 전래 초기 이름은
남만초·만초·왜개자·번초

임진왜란 전후에 한반도에 들어온 칠리페퍼[고추]는 기왕에 재배되고 있던 천초와 함께 조선에서 가장 중요한 향신료로 쓰이기 시작했다. 칠리페퍼가 한반도에 들어오자마자 사람들은 이것을 고추라고 부르지 않았다. 한자로 왜개자(倭芥子) 혹은 왜초(倭椒)로 불렀는데, 일본을 통해서 들어온 매운 것이란 뜻이 이 명칭에 담겨 있다. 또 남만초(南蠻椒) 혹은 남초(南椒) 혹은 번초(番椒) 등으로도 불렀다. 남쪽의 오랑캐, 곧 동남아시아로부터 전해져 왔기 때문이다. 그 가루를 만초말(蠻椒末) 혹은 번초설(番椒屑)이라고 적었다. 지금의 고추장에 해당하는 것을 만초장(蠻椒醬)이라고 적기도 했다. 또 당초(唐椒) 혹은 당고초(唐苦草)라고도 불렀다. 중국에서 왔을 것이라는 생각 때문에 이런 명칭이 생겼다. 본래 후추와 천초 등을 두루 가리켰던 고초(苦草) 혹은 고초(苦椒)란 보통명사가 칠리페퍼를 부르는 말로 널리 쓰이기 시작한 때는 1810년경에 쓰인 『규합총서(閨閤叢書)』부터다. 고쵸·고쵸가로·고쵸닙·고쵸닙장짠찌·고쵸장과 말이 이 책에 나온다. 또 고초(苦椒)와 고초말(苦椒末)이란 한자도 생겨났다. 이후 칠리페퍼는 한국어 '고추'라는 새로운 번역어를 가지게 되었다.

칠리페퍼가 한반도에 들어온 길에 대해 적은 조선시대 문헌에서는 일본으로부터 왔다는 주장이 지배적이다. 가령 이수광(李睟光, 1563~1628)은 1613년에 펴낸 『지봉유설(芝峯類說)』에서 "남만초는 센 독이 있는데 처음에 외국에서 들어왔다. 그래서 속칭 왜개자라 하였다. 때로 이것을 심고는 술집에서 그 맹렬한 맛을 이용하여 간혹 소주에 타서 팔고 있는데 이를 마신 자는 대부분 죽었다고 한다"[1]고 적었다. 이수광은 칠리페퍼의 원산지를 알지 못했다. 그러다 보니 남만초 혹은 왜개자라는 이름을 붙였다.

그런데 1709년에 발간된 『대화본초(大和本草)』란 책에서는 "고서에는 보이지 않지만 근래의 책에서 말하기를 번초가 옛날에 일본에는 없었는데, 수길공(水吉公)이 조선을 칠 때 그 나라로부터 종자를 가져왔다고 한다. 그래서 그 이름을 고려호초(高麗胡椒)라 부른다"[2]는 기록이 있다. 이 책을 쓴 이는 칠리페퍼가 포르투갈 상인에 의해서 나가사키에 전해졌지만, 본격적인 전래는 임진왜란 때 조선으로부터라고 믿고 있는 듯하다. 도대체 어떻게 된 일일까?

이 수수께끼를 푸는 열쇠는 바로 조선과 일본, 그리고 명나라가 참전한 1592년 발발의 7년 전쟁 임진왜란에서 찾아야 한다. 고추는 포르투갈 무역선에 실려서 늦어도 1540년대에 마카오를 비롯한 중국의 무역항에 도착했다. 그리고 1543년, 포르투갈 상인이 다시 일본의 무역항 나가사키로 가져갔다. 나가사키에 도착한 고추는 쓰시마를 거쳐 지금의 부산인 동래의 왜관에 도착했

---

1) 南蠻椒有大毒 始自倭國來 故俗呼倭芥子 往往種之 酒家利其猛烈 或和 燒酒
 以市之 飮者多死. (卷20 卉木部 木 南蠻椒)
2) 장지현, 「苦椒渡來考」, 『성심여자대학논문집』 8, 춘천: 성심여자대학, 1977,
 p.288에서 재인용.

다. 임진왜란이 일어나기 전에 고추는 이미 경상도 일대까지 퍼
져나갔다. 하지만 조선의 중부지방에 살던 사람들이나, 나가사키
에서 먼 일본의 혼슈 지역 사람들은 고추의 존재를 알지 못했다.
결국 임진왜란을 겪으며 서울사람들은 남쪽에서 왜군과 함께 고
추가 올라왔다고 생각했고, 일본 혼슈 사람들은 전쟁에 패하여
귀국한 자신들과 함께 한반도로부터 고추가 들어왔다고 믿었다.

칠리페퍼를 처음 접한 조선 사람들은 이 이상한 매운 식물을
크게 환영하지 않았다. 칠리페퍼가 들어오기 전에도 매운맛을 내
는 향신료가 한반도에는 있었다. 앞에서 밝혔듯이 달래나 마늘,
파와 생강 같은 채소도 있었고 겨자와 천초도 있었다. 고기나 생
선의 비린내를 없앨 때는 천초를, 후추를 구할 수 있던 부자들은
그것을 썼다. 그런데 천초는 재배가 되지 않았고, 후추는 한반도
에서 생산되지 않아 전적으로 수입에 의존했다. 당연히 값도 비
쌌다. 이에 비해 고추는 한반도의 남부지역에서 잘 재배되었다.
천초와 달리 칠리페퍼는 재배가 가능하여 남부지방에서부터 북
으로 점점 그 재배지가 퍼져나갔다.

Ⅱ. 18세기 고추가 음식에 들어가다

18세기에 이르면 칠피페퍼는 천초와 후추를 대신하여 매운맛
을 내는 으뜸 재료로 인기를 누리기 시작했다.[3] 천초가루로 만들
던 천초장이 이때가 되면 '고추장'으로 바뀌었다. 매운탕도 등장
했다. 고춧가루는 생선의 비린내를 없애주었다. 고춧잎으로 장아

---

3) 고추의 전래와 확산 과정에서 대해서는 주영하, 『음식인문학: 음식으로 본 한
국의 역사와 문화』, 휴머니스트, 2011, pp.99~126의 글을 참고하기 바란다.

찌를 담글 정도로 이용법도 다양해졌다. 순조 때의 어의였던 이시필(李時弼, 1657~1724)이 지은 『소문사설(謏聞事說)』이란 책에는 '순창고초장조법'이라 하여 한양의 순창조씨 집에서 잘 만드는 고추장 조리법이 법이 나온다. 급기야 1766년(영조 42) 유중림(柳重臨, ?~?)은 『산림경제(山林經濟)』를 증보하여 편찬한 필사본 『증보산림경제(增補山林經濟)』에서 칠리페퍼, 곧 남만초가 어떻게 음식에 들어갔는지를 자세하게 적어두었다. 『증보산림경제·치선(治膳)』에 나오는 '황과담저법(黃瓜淡葅法)', '황과함저법(黃瓜鹹葅法)', '침나포함저법(沈蘿葡鹹葅法)', 그리고 '조만초장법(造蠻椒醬法)'의 조리법을 다음에 적는다.

• 황과담저법: 늙지 않은 오이를 가져다가 꼭지를 떼고 깨끗하게 씻는다. 칼로 3쪽에 칼집을 내어 만초말(蠻椒末)을 조금 넣고 또 마늘 4~5조각을 넣는다. 오래 끓인 물에 소금을 넣고 아주 뜨거울 때에 오이에 붓는다(오이를 먼저 항아리에 넣는다). 항아리 주둥이를 단단하게 싸맨다. 그 다음날에 먹을 수 있다.[4)]

• 황과함저법: 늙지 않은 오이를 가져다가 깨끗하게 씻는다. 오이와 달리 생강·마늘·만초(蠻椒)·부추·파의 흰 대 따위의 양념을 아주 가늘게 채를 썰듯이 썬다. 깨끗한 항아리에 먼저 오이를 한 겹 넣고 그 위에 양념을 한 겹 넣어 오이가 다 없어질 때까지 차곡차곡 쌓는다. 오래 끓인 물에 소금을 타서 조금 짜게 한 뒤에 물이 뜨거울 때에 항아리에 붓는다. 볏짚으로 덮고 뚜껑을 닫아놓았다가 이튿날에 먹는다(이것은 여름철의 요리방법이다).[5)]

---

4) 柳重臨(농촌진흥청編譯), 『增補山林經濟』 2, 농촌진흥청, 2003, p.178.
5) 柳重臨(농촌진흥청編譯), 『增補山林經濟』 2, 농촌진흥청, 2003, p.179.

• 침나포함저법: 첫서리 뒤에 무와 잎을 거두어서 깨끗하게 씻는다. 이와 별도로 만초(蠻椒)의 연한 열매와 줄기와 잎(이것은 이슬이 찰 때에 미리 소금에 절여두었다가 이즈음에 함께 합하여 담근다), 청각, 늙지 않은 오이, 어린 아이의 주먹만 한 호박[南瓜]과 잎 밑의 연한 줄기(줄기는 반드시 껍질을 벗긴다), 가을 갓의 줄기와 잎, 동아(칼로 썰고 껍질을 벗기지 말라. 손바닥만 하게 썰어 한겨울 지나 익기를 기다렸다가 먹을 때에 껍질을 벗기면 빛깔이 희고 아름답다), 천초(川椒) 부추 따위를 가져다가 함께 담근다. 그리고 마늘을 많이 갈아 즙을 내고 무와 여러 가지 양념들과 버무려서 항아리에 넣을 때에 한 겹 한 겹 띄워 마늘 즙을 골고루 넣는다. 항아리를 단단히 싸매어 땅에 파묻는데 앞에서 말한 대로 하면 된다. 섣달에 꺼내어 먹으면 맛이 기가 막힌다. 다만 공기가 새어나가지 않도록 하면 봄까지도 먹을 수 있다. 또 미나리 줄기와 애가지[亞茄子]를 함께 담가도 맛있다.[6]

• 조만초장법: 콩을 꼼꼼하게 고르고 물에 일어 모래와 돌을 없애며 보통 방법대로 메주를 만든 뒤에, 바싹 말려서 가루로 만들고 체에 쳐서 받는다. 콩 1말마다 만초말(蠻椒末) 3홉, 나미(糯米, 바로 찹쌀이다) 가루 1되의 비율로 맛좋은 청장으로 휘저어 뒤섞으면서 반죽하여 아주 되게 만들고 작은 항아리에 넣어 햇볕에 쪼이면 된다. 민간 방법에서는 그 안에 볶은 참깨가루 5홉을 넣기도 하는데 맛이 느끼하고 텁텁해서 좋지 않으며, 또 찹쌀가루를 많이 넣으면 맛이 시큼하여 좋지 않으며, 만초말을 지나치게 많이 넣으면 너무 매워서 좋지 않다. 또 다른 방법으로는 콩 1말로 두부를 만들고 꼭 짜서 물기를 빼고 나서, 여러 재료들과 함

6) 柳重臨(농촌진흥청編譯), 『增補山林經濟』 2, 농촌진흥청, 2003, pp.181~182.

께 섞어 익히면 아주 맛있다. 일반적으로 서로 버물릴 때 소금물을 써도 되지만, 맛좋은 청장만큼 맛있지는 않다. 또 다른 방법으로는 말린 물고기의 머리와 비늘을 없애고 납작한 조각으로 썰며 또 다시마(昆布)와 다사마[多絲麻, 바로 해대(海帶)이다] 따위도 함께 넣어 익기를 기다렸다가 먹으면 그 맛이 아주 좋다[마른 청어를 쓰면 더욱 맛있다. 만초(蠻椒)를 쓰지 않고 대신에 천초(川椒)를 쓰기도 한다].[7]

　이들 조리법에서 주목되는 점은 칠리페퍼와 천초(川椒), 마늘·생강·부추·파 따위의 향신료가 두루 쓰인다는 것이다. 특히 '조만초장법'에서는 "만초를 쓰지 않고 대신에 천초를 쓰기도 한다"고 적었다. 나는 『증보산림경제』가 편찬된 18세기 중엽에 칠리페퍼가 천초를 대신하기 시작했다고 본다. 천초와 달리 재배를 할 수 있는 작물이 칠리페퍼였고, 이로 인해서 재료의 확보가 보다 쉬웠기 때문에 이러한 현상이 일어났다고 생각한다. 이후의 문헌에서는 칠리페퍼가 천초를 대신하여 두루 사용되기 시작했다. 『규합총서』에서는 '고쵸' 가루와 함께 '고쵸'를 썰어서 채소절임음식에 넣었다. 특히 칠리페퍼의 가루를 넣은 매운탕 조리법이 등장하였고, 심지어 칠리페퍼 잎을 이용해 장아찌까지 담그는 형태로 칠리페퍼의 이용이 다양해졌다.

　19세기 중엽에 나온 이규경(李圭景, 1788~1856)의 필사본 『오주연문장전산고』에서는 '고초(苦椒)'라는 명칭을 두고 '향명(鄕名)'이라 적어 비록 한자로 만초 혹은 번초라고 적지만 실제로 사람들 사이에서는 '고초'로 불렸음을 알려준다. 아울러 고추가 향신료일 뿐만 아니라 혈액순환이나 추위를 막는 데도 유용하다고 이규경은 보았다. 1877년(고종 14) 12월에 신정왕후의 칠

---

7) 柳重臨(농촌진흥청編譯), 『增補山林經濟』 2, 농촌진흥청, 2003, pp.200~201.

순 잔치를 기록한 『진찬의궤(進饌儀軌)』에서는 기왕의 개장(芥
醬, 겨자장)과 함께 '고초장(苦椒醬)'이 음식의 맛을 내는 소스로
쓰임을 알려준다.

2009년 이후 '한국고추'[8]의 원산지를 두고 기존의 의견을 뒤
집는 주장이 제기되었다. 그 주장의 핵심은 대체로 다음의 두 가
지로 보인다. ① '한국고추'는 본래 한반도에서 자생한 것이었다.
② 아메리카가 원산지로 알려진 aji와 '한국고추'는 원숭이와 사
람에 비유할 수 있을 정도로 확연히 다르다. 그러니 '한국고추'는
본래 한반도를 비롯하여 중국의 북방지역에 자생해온 것이다. 이
른바 '한국고추의 한반도 자생설'이라고 부를 수 있다.

① 의 입장에 대한 가장 중요한 출발점 중 하나는 『훈몽자회
(訓蒙字會)』의 '초(椒)'에 대한 기록을 어떻게 해석할 것인가에
있다. 이미 김종덕 박사가 이에 대해 정확한 논증[9]을 했기 때문
에 다시 언급할 필요가 없다고 생각한다. 특히 지금에 전해지는
『훈몽자회』가 1527년에 간행된 예산본(叡山本)임을 알아야 한
다. 여기에 한 가지 의견을 더 보태면『훈몽자회』에서 "椒 고쵸쵸
胡椒, 又川椒秦椒蜀椒쵸피, 又분디曰山椒"라고 적은 이유는 초의
조선말을 붙이고, 그것의 예시로 호초, 천초, 분디 등에 대해 언급
한 것에 지나지 않는다. 여기에서 '고쵸'란 말의 뜻은 반드시 오
늘날의 '한국고추'라고 볼 수 있는 근거가 없다. 그것을 증명할
분명한 자료를 그들 역시 제시하지 못하고 있다. 본래 매운 맛이
나는 열매인 후추와 천초 따위를 모두 '고초'라고 부르다가 칠리

---

8) 권대영 · 정경란 · 양혜정 · 장대자, 『고추이야기』, 도서출판 효일, 2011. 그들
   은 이른바 '고추의 한반도 자생설'을 주장한 입장에 근거하여 '한국고추'라
   고 하였다.
9) 김종덕, 「'고쵸'에 대한 논쟁」, 『농업사연구』, 제8권 1호, 한국농업사학회,
   2009.

페퍼가 널리 퍼져서 유행을 하자 '고초'라는 보통명사가 칠리페
퍼를 가리키는 말로 전이되었다고 보아야 한다.

Dave DeWitt와 Nancy Gerlach가 1990년에 펴낸 『The Whole
Chile Pepper Book』에는 미국과 아메리카대륙에서의 chili
pepper 종류와 그것의 학술적 명명(nomenclature), 원예학적 역
사(horicultural history), 그리고 형태 등이 정리되어 있다.[10] 여기
에 나오는 대부분의 chili pepper는 아메리카대륙이 원산지이다.
다만 지난 200년 사이에 외래종도 생겨났고, 심지어 1932년에 헝
가리로부터 미국으로 소개된 품종인 Hungarian Yellow Wax Hot
도 있었다. 주로 절임으로 만들어 먹는 칠리페퍼이다.

콜럼버스(Christopher Columbus, 1451~1506)를 비롯하여
유럽인이 아메리카대륙에 도착한 이후, 아메리카대륙에서 발견
된 산물들 대부분은 유럽을 비롯하여 아프리카와 아시아로 상품
으로 전파되었다.[11] 이 일은 주로 포르투갈과 네덜란드의 상인들
에 의해서 주도되었다. 그러니 한 순간에 특정한 아메리카대륙의
산물이 전파되었다고 보면 안 된다. 이 점에서 나는 '한국고추'를
비롯하여 전 세계의 각종 칠리페퍼에 대한 식물학적 연구가 이
논쟁에 앞서서 제시되어야 한다고 본다. 그렇지 않을 경우, '한국
고추의 한반도 자생설'에 대한 주장이 국내외 학계의 동의를 얻
기 어렵다.

---

10) DeWitt, Dave &v Gerlach, Nancy, *The Whole Chile Pepper Book*, New York: Little, Brown and Company, 1990, pp.11~41. 이 책에서 chili를 chile로 표기한 이유는 스페인어에서 chili가 지닌 여러 가지 의미로 인한 혼돈을 피하기 위해서라고 저자들은 밝히고 있다. 그래서 이 책에서는 주로 hot types of peppers(Capsicums)만을 표시하는 방법으로 'chile'라는 단어를 사용하였다.
11) Haberland, *Indianer und Eskimo als Erfinder und Entdecker*, 조흥윤 역, 『발명·발견자인 인디언과 에스키모』, 정음사, 1984.

그런데 더욱 더 중요한 문제는 만약 '한국고추의 한반도 자생설'이 타당하게 받아들여지려면 그들이 주장하는 '한국고추' 야생종이 한반도에서 발견되어야 한다. 이미 이 책에서도 언급되었듯이 칠리페퍼의 야생종은 중남미 아메리카 대륙에 널리 발견되었다. 이러한 여러 가지 논의가 필요한 데도 불구하고 그들의 주장이 처음 소개된 2009년 2월에 주요 일간지에서는 아무런 의심도 없이 그들의 주장을 기사로 내보냈다. 가령 『조선일보』의 배성규 기자는 "고추, 임진왜란 이전부터 국내에 있었다. 한국의 매운맛을 상징하는 고추가 임진왜란 훨씬 이전부터 국내에서 식용으로 쓰였다는 연구 결과가 나왔다. 이는 고추가 임진왜란 때 일본에서 들어왔다는 역사학계의 통설을 뒤집는 것이다. 그동안 식품업계는 '김치를 삼국시대 이전부터 담가 먹었는데 그 재료인 고추가 임진왜란 때 들어왔다는 학설은 이상하다'며 의문을 제기해 왔다"[12]고 하면서 그들의 주장을 그대로 소개했다.

사실 이 주장은 순창고추장의 식품학적 정통성을 인정받기 위해서 기획된 것이다. 역사가 오래되었을 경우 국제적인 정통성을 인정받을 수 있다는 일부 식품학계의 생각은 결코 학문적으로 타당하지 않다. 특히 기존의 전래설을 마치 '고추의 일본 전래설'인 것처럼 포장하여 민족주의에 호소하는 주장은 사실의 침소봉대(針小棒大)에 지나지 않는다. 일본의 규슈 일부를 거쳐서 한반도에 전래되었을 가능성을 두고 그렇게 호도하면 안 된다. 그 보다는 DNA 검사와 같은 유전학적 연구를 통한 칠리페퍼의 식물학적 계통을 밝히는 작업이 더 요구된다. 그래서 칠리페퍼와 그들이 주장하는 '한국고추'가 서로 다른 유전학적 계통임이 밝혀지기를 기대한다.

---

12) 2009.02.19 03:15 입력.

Ⅲ. 20세기 한반도에서의 고추 확산

식민지시기에 들어와서도 페퍼[후추]를 비롯하여 크로버 · 시나몬 · 넛맥은 여전히 수입에 의존할 수밖에 없었다. 이에 비해 '고추'라는 확실한 이름을 얻은 칠리페퍼는 한국인들의 가정에서 가장 중요한 향신료가 되었다. 얼마나 그 사용이 많았으면 일본과 독일에 유학을 한 의학박사 정구충(鄭求忠)은 1933년 6월 20일자『동아일보』의 '가정강좌'란 코너에 다음과 같은 글을 게재하였다. "조선처럼 일반가정에서 조석으로 고춧가루를 많이 사용하는 곳은 없을 것입니다. 가정에서 상식하는 반찬이 모두 고추로 양념이 돼 있고 음식본질(飲食本質)의 맛이 모두 고춧가루의 맛으로 변해집니다. 고춧가루가 들지 않은 음식이 없다 해도 과언이 아닐만치 어회, 육회에까지 고추장으로 먹습니다. 이렇게 자극성이 많은 고추를 두세 살 먹은 어린아이 적부터 사용하야 이것이 없이는 먹을 수 없이 중독이 되며 습관이 되어 버립니다."

이 글의 본래 제목은 〈고추가루의 해독(害毒)에 대하여〉이다. 그는 "그러면 이 고춧가루가 체내에 들어가 여하한 생리적 반응이 있으며 여하한 병을 일으키나 거기 대해서 해가 많고 이(利)가 적은 것을 의학상입장(醫學上立場)으로 설명코저 합니다"라고 밝혔다. 하지만 무슨 사연인지는 몰라도 그의 글은 더 이상 『동아일보』에 연재되지 않았다. 그래도 정구충의 문제 제기를 통해서 이미 1930년대 조선의 많은 가정에서 음식에 고춧가루를 대량으로 넣었음을 확인할 수 있다. 고춧가루를 많이 사용하는 문제는『동아일보』1934년 4월 25일자에 다시 제기되었다. 과학데이를 맞이하여 실행회 주최의 '과학지식급좌담회(科學知識及座談會)'에서 나온 이야기다. 연전학감인 유억겸(兪億兼)은 다음과 같은 말을 하였다. "조선 사람이 고춧가루를 많이 먹으나 그것은 재래에 습관적으로 먹어왔으니 그저 먹을뿐이지 그것이 어떻게 영양에 관계가 있는지를 모릅니다. 전문이 아니니까 자세히는 모르겠지만 고추에 비타민D라나 무슨 영양소가 있답디다"고 하면서 고춧가루를 많이 먹는 것이 영양과는 아무런 상관이 없지 않냐는 주장을 펼쳤다.

심지어 경성제국대학 병리학교실의 윤일선(尹日善) 박사는 '김치깍두기와 조선 사람의 수명관계 여하'에 대한 질문에 대해 다음과 같이 답변을 하였다. "위산을 많이 내어서 식욕을 증진시킵니다. 그러나 동물에다가 고춧가루만 먹여보았더니 혈액세포를 만드는 기관에 변화를 일으켜서 빈혈증을 일으킵니다. 또 만성위장병을 일으킨다는 실험도 있습니다. 그러나 민족적으로 이 특수한 음식이라고 하지만은 김치깍두기가 수명에는 별로 큰 영향이 없는 줄 압니다"고. 이 기사에서 '김치깍두기'는 모든 종류의 김치를 가리키는 말이다. 이 김치에 고춧가루가 많이 들어가는 문제로 인해서 과연 건강에 좋은지의 질문에 윤일선 박사는 고춧가루가 그다지 좋은 영향을 준다고 밝히지는 않았다. 이와 같이 식민지시기 의학자들은 고추의 대량 식용을 긍정적으로 보지 않았다. 그 이유를 확인할 길은 없지만, 영양학자나 의학자들 사이에서 고추의 다량 식용이 논의의 대상이 된 이유는 그만큼 소비량이 많아졌다는 점 때문임은 분명해 보인다.

먹는 양이 증가하자 그에 대응하여 고추의 생산량도 늘어났다. 『동아일보』1940년 3월 3일자에서 경성원예학교의 윤태중(尹台重)이 계절에 맞는 원예작물의 육묘작업에 대한 소개를 하면서 고추를 한자로 번초(蕃椒)라고 적고 2월 중순에 파종의 적기라고 하면서 응과(鷹瓜)·당사자(唐獅子)·재래종의 세 가지를 중부지방 기준으로 좋은 품종이라고 소개했다. 응과의 학명은 conoides BAILEY cone pepper이다. 하늘을 향해서 자라는 중국

의 조천초(朝天椒)이다. 재래종에 비해서 매워서 고춧가루로 인기가 높았다. 다른 말로 테펄페퍼(Taper Pepper)라고 부른다. '당사자'는 일본 품종의 고추를 가리킨다. 다른 말로 '다나까도우가라시(田中とうがらし)'라고 부른다. 기원이 분명하지 않지만 메이지 초기에 교토(京都)의 한 농가에서 시가현(滋賀縣)으로부터 종자를 가지고 와서 재배한 것이 처음이라고 알려진다.[13] 고추의 색은 진한 녹색으로 매운 맛은 거의 없다. 고추의 수요가 증대하자 중국에서 많이 재배되는 응과와 일본의 맵지 않은 녹색 고추인 당사자가 유입되었다.

해방 이후에도 고추의 외래종 품종이 정부에 의해서 도입되었다. 그 품종의 명칭은 알 수 없으나 『동아일보』 1947년 4월 4일자 기사에서는 미군정청의 농무부에서 고추[호초(胡椒)]를 포함하여 콩·완두·아스파라카스·양파·홍당무 등 18종류의 종자를 수입하여 각도 농사시험장과 일부 농민에게 배급한다고 보도했다. 이 신문에서 '고추[호초(胡椒)]'란 표현을 왜 썼는지는 알수가 없다. 혹시 고추의 한자를 '호초(胡椒)'로 기자가 착각한 것은 아닌지 모르겠다. 여하튼 해방 이후 한국전쟁 이전까지 김장 때의 고추 시세는 상당히 안정되어 있었다. 심지어 한국전쟁 발발 직전인 1950년 4월 한 회사에서는 고추 2만 파운드를 미국에 수출하겠다는 신청서를 정부에 제출하여 승인을 받았다. 이 고추의 대금은 4600달러였다. 비록 금액은 지극히 적었지만 고추를 미국에 수출한 일은 분명 경이로운 사건이었다.

이러자 고추의 우수성에 대한 주장이 신문 지상에 등장했다. 『경향신문』 1950년 5월 15일자에는 나명혜(羅明惠)는 '고추는 영양가치가 있나?'라는 글을 게재하였다. "우리나라 사람들은 고

---

13) 京都市情報館, http://www.city.kyoto.lg.jp/sankan/page/0000029062.html

추를 먹기 때문에 이질같은 위험한 병이 걸려도 며칠 고생하다가
는 가뜬히 낫고 이번 마라톤에서 세 선수가 다 명예의 월계관을
획득한 원인 중의 하나도 고추가 많이 섞인 김치, 깍두기, 고추장
에 있다"고 외국 통신은 전하고 있으나 과학적으로 보아 이 자극
성 많은 고추가 과연 어떠한 것일까. 세계 그 어느 나라보다 식생
활에서 고추를 이만치 가까이 하고 어떤 요리에서도 떠날 수 없
는 존재로 대접하고 있는 나라는 우리나라를 빼놓고는 다른 데서
그 유래를 또 볼 수 없을 것이다.

일본인보다 체력적 능력이 뛰어난 이유 역시 고추를 많이 먹
기 때문이라고 했다. 그러면서 다음과 같은 고추의 약효를 내세
웠다. "고래로부터 전해 내려오는 고추의 약효적 범위를 조사해
본다면 소화기의 쇠약을 활발히 하고 수종(水腫)을 막고 류마치
스[통풍(痛風)]에 좋다고 합니다. 그밖에 마마[천연두(天然痘)]
에는 고춧가루나 쪄서 나온 물을 바르면 곰보가 안 된다고 한다.
뱀한테 물렸을 때는 고추를 불에 태워 밥과 섞어 짓이겨 가지고
바르면 좋다고 합니다. 여름에 수박을 너무 많이 먹었을 적에도
좋고 더구나 여름철에는 '카레'가루와 마찬가지로 특히 식욕을
증진시키고 또 방부제로도 됩니다."

실로 고추의 '만병통치론'에 가까운 글이다. 앞에서도 보았듯
이 식민지시기의 의학자들이 고추의 식용에 대해 부정적인 생각
을 가졌던 이유가 혹시 일본인들이 고추를 즐겨 먹지 않은 점과
연관이 있지 않을까 하는 의구심을 가지게 만든다. 나혜명이 어
떤 직업을 가진 사람인지는 알 수 없지만, 결코 영양학이나 의학
에 종사하는 이로는 여겨지지 않는다. 그가 말한 고추의 약효는
일종의 민간요법에 가깝기 때문이다. 그럼에도 불구하고 이러한
인식은 고추가 얼마나 당시 사람들에게 절대적인 가치를 가지고
있었는지를 확인할 수 있기도 하다. 한국전쟁의 폐허 속에서도

한국인의 고추 사랑은 결코 줄어들지 않았다. 특히 전쟁 중에 고 춧가루는 생필품으로 다루어질 정도가 되었다.

그런데 문제는 고추나 마늘과 같은 자극성이 강한 향신료를 음식에 많이 넣으면서 한국인에게 "확실히 맛에 대하여 섬세한 감각이 없고 둔감한 듯하다"[14]는 평가를 내리도록 만든 데 있다. 쌀보다 밀로 만든 음식이 영양에 좋다는 주장을 펼치는 데 목적 이 있었던 이 기사에서 고추와 마늘의 다량 섭취에 대한 문제 제 기는 적절한 것이었다. 하지만 국민들의 소비량이 많았던 탓에 이승만 정부에서도 고추와 마늘을 특수농작물로 여겨 그 생산량 의 증산에 정책의 초점을 맞추었다. 이런 상황에서도 일부 업자 들은 재배를 하지만 거의 먹지 않는 일본산 고추를 밀수하여 군 대에 납품하는 일도 간혹 일어났다. "국산 고추도 풍부한데 심지 어 고추까지 일산을 들여다 먹는다 하니 한심스러운 일이라 아니 할 수 없다"[15]는 한고초(韓苦草)라는 필명의 저자는 업자들의 반 성을 촉구했다.

Ⅳ. '고추=한국'이라는 이미지의 탄생

그럼에도 불구하고 농가에서 고추를 말리는 풍경은 1950년 대 중반부터 신문을 통해서 가을을 알리는 표징이 되었다. '고추 =한국'이라는 상징이 이때부터 만들어진 셈이다. 1960년대가 되 면 경상북도 영양은 고추의 명산지로 이름을 날렸다. 매년 10월 만 되면 서울 등지에서 몰려온 상인들이 하루에 평균 200여 명이

---

14) 김병설, 「식생활연구」, 『경향신문』 1955년 11월 14일자.
15) 『경향신문』 1958년 6월 14일자.

이곳 읍내 시장에 몰려서 고추를 사 갔고, 고추농가들은 수중에 들어온 돈이 넉넉해져서 언제나 보릿고개를 쉽게 넘겼다.[16] 이런 사정으로 인해서 고추 농가는 해가 갈수록 늘어났다. 이렇게 되자 수시로 '고추 강도'가 나타나 도둑질을 했다. 생산량의 증가만큼 고춧가루는 한국음식에 더욱 많이 들어갔다. 그래서 1960년대 초반 여름의 수재민 구호품에도 고춧가루가 들어갈 정도였다.

1960년대 중반이 되면 재래종 고추와 미국산 고추의 교배가 시도되기 시작했다. 그 중에서 극조생(極早生) 고추는 무게가 최고 38g으로 재래종 고추의 6g에 비해서 6배나 무거운 것이 개발되었다. 이 극조생을 심은 천안의 농사지도자는 "한 해 동안에 벌건 황토밭에서 '열매'가 아니라 '돈'을 따는 현상이 빚어지기까지"[17] 했다. 1967년이 되면 경남 재래종에서 계통 분리하여 개발한 '2640호', '621호', '핫 · 포튜걸' 등의 고추 신품종이 농가에 소개되었다. 이런 신품종은 고추의 열매가 많이 달리면서도 바이러스에 강하며 마른 고추로 만들 때 더욱 효과적이었다. 이 중 '핫 · 포튜걸'은 미국산 도입 품종에서 계통 분리해낸 신품종이었다. 1960년대 후반이 되면 고추는 농가의 특용 작물로 새로운 진화의 길을 걷기 시작했다.

이 일에 가장 앞장 선 곳은 '농촌진흥청'이었다. 『매일경제』 1969년 12월 18일자 보도에 따르면 농진청 연구진은 전국 각지의 재래종 고추와 일본 · 태국 · 타이완 · 미국 등지에서 도입한 고추를 분리해서 고추1 · 2 · 3호가 개발하였다. 고추1호는 재래종인 서울고추에 비해서 35%나 증수할 수 있었다. 고추2호는 바이러스에 강하고 일찍 수확이 되어 풋고추와 붉은 고추용에 모두

---

16) 「고추 명산지에 활기, 근당 800환을 호가」, 『경향신문』 1960년 10월 22일자.
17) 『경향신문』 1966년 9월 22일자.

적합하였다. 고추3호는 미국에서 도입하여 계통 분리한 품종으로 풋고추로 시장에 내보낼 수 있었다. 이와 같이 신품종 고추의 개발은 1970년대를 본격적으로 고추의 시대로 진입하게 만들었다. 이로 인해서 고추는 더 이상 그 전에 비해서 훨씬 값싼 향신료가 되었다. 당연히 음식에 들어가는 양도 날이 갈수록 늘어났다.

덩달아 고추 품종 개량의 기술은 세계 어느 나라보도 높아졌다. 이런 과정에서 '청양고추'가 개발되었다. 중앙종묘(주)의 홈페이지에 의하면 청양고추의 개발은 다음과 같은 과정을 거쳐서 만들어졌다. "1970년대 말부터 1980년대 초에, 소과종이 대과종보다 가격이 높고 특히 국내 최대 주산지인 경상북도 북부 지방의 청송·영양지역에서 소과종이 주로 재배되어 이 지역에 적합한 품종을 육성하고자 하였다. (중략) 이러한 육성목적에 비교적 근접한 품종을 육성하여 청송의 '청(靑)'과 영양의 '양(陽)'자를 따서 '청양고추'로 명명하여 품종 등록하였다"[18]고 적었다. 실제로 일본의 한 무역회사에서 재래종과 멕시코종을 계통 분리하여 재배한 후 수입하기 위해 청양고추가 개발되었다. 결국 1960년대 말부터 시작된 고추 품종 개량의 기술이 청양고추를 만들어낸 셈이다.

20세기 100년 동안 한국인의 식탁에서 고추는 양도 엄청나게 늘어났을 뿐만 아니라, 16세기 중후반에 처음 도입될 때와 비슷한 정도의 매운 맛을 가진 청양고추의 탄생까지 만들어냈다. 하지만 그 이면에는 식재료의 신선도와 다양한 조리법을 매운 고춧가루로 덮어버리는 결과를 만들어내기도 했다. 심지어 멕시코의 핫소스를 응용한 새로운 외식업이 소비자의 입맛을 자극하면서

---

18) 2000년 1월 흥능종묘와 중앙종묘가 세미니스사에 인수되어 더 이상 중앙종묘의 홈페이지를 확인할 수 있는 방법이 없다.

20세기 말에 신(新) 매운 맛의 시대를 열기에 이르렀다.[19] 돌이
켜보면 식민지시기 의학자들이 제기했던 고추 다량 식용의 문제
는 21세기 초입의 오늘날 한국음식의 가장 큰 개선 대상이 되었
다. 심지어 앞에서 김병설이 밝혔듯이 "확실히 맛에 대하여 섬세
한 감각이 없고 둔감한" 한국인의 입맛 역시 고추 다량 식용 때
문임에 틀림없다.

:: 참고문헌 ::

김종덕, 「'고쵸'에 대한 논쟁」, 『농업사연구』, 제8권 1호, 한국농업사학회, 2009.

장지현, 「苦椒渡來考」, 『성심여자대학논문집』 8, 춘천: 성심여자대학, 1977.

주영하, 「고추와 매운맛: 동북아시아 매운맛의 유행에 대한 연구」, 『比較民俗學』
34輯, 비교민속학회, 2007.

주영하, 『음식인문학: 음식으로 본 한국의 역사와 문화』, 휴머니스트, 2011.

주영하, 『식탁 위의 한국사: 메뉴로 보는 20세기 한국 음식문화사』, 휴머니스트,
2013.

Haberland, *Indianer und Eskimo als Erfinder und Entdecker*, 조흥
윤 역, 『발명 · 발견자인 인디언과 에스키모』, 정음사, 1984.

DeWitt, Dave &v Gerlach, Nancy, *The Whole Chile Pepper Book*,
New York: Little, Brown and Company, 1990.

---

19) 이에 대해서는 주영하, 「고추와 매운맛: 동북아시아 매운맛의 유행에 대한
연구」, 『比較民俗學』 34輯, 비교민속학회, 2007을 참고하기 바란다.

역사를 만든 혁신의 아이콘

바퀴(輪)

- 문명의 발전과 기술 -

이건무 전 문화재청장

바퀴(輪)
-문명의 발전과 기술-

I

인류의 생존이 용이하게 된 것은 인간의 머리(두뇌)와 손 때문이다. 인간은 머리로 생각하고 손으로 도구를 제작하고 이를 사용하면서 기술을 축적해 나간다. 또 이 축적된 기술은 사회적 유산으로 다음 세대에 전달된다. 필요한 도구를 개발하고 계속해서 떠오르는 생각을 머리에 모아놓고 지속적으로 개선책을 만들어 나간다. 도구를 사용하면서 실패하고 아쉬웠던 경험이 지속적으로 개선된 기술과 결합되면서 새로운 물질문화의 진보를 성취하게 된다. 그러므로 도구와 기술의 변천은 사회가 바뀌어 가는 과정을 잘 알려 주는 척도(尺度)라고 할 수 있다.

바퀴(輪)는 동서고금을 통해 인류가 발명한 도구 중 가장 혁신적이고 위대한 것 중의 하나이다. 고구려 집안 오회분(오괴분) 제4호, 5호의 벽화 내용 중 몇몇 신(神)을 표현한 것이 있다.[1] 그 중 일월신이나 상상의 동물을 타고 있는 신을 제외하면 눈에 띠는 신은 단야(鍛冶)의 신, 불(火)의 신, 바퀴(輪)의 신, 농업의 신이다. 고대에 있어서 불을 피우는 것과 금속을 다루는 것, 그리고

---

1) 高句麗文化展實行委員會, 『高句麗文化展圖錄』, 大日本印刷株式會社, 1985, pp.78~82.

01 | 고구려 고분벽화 오회분 수레의 신

수레바퀴를 만드는 것, 그리고 농사가 얼마나 중요한 것인가를 단적으로 보여주는 예라고 할 수 있다. 무기 · 병균 · 쇠가 인류의 운명과 역사를 바꾼 것으로 본 제레드 다이이몬드(Jared Diamond) 박사의 설명이 있으나,[2] 실로 인류의 문명사에서 또 기술에 의한 혁신 코드로 빼놓을 수 없는 것은 바로 불의 이용과 야금술 그리고 바퀴의 발명인 것이다. 바퀴는 수직운동이나, 수평운동과 같은 직선운동이 아닌 회전운동을 기본적인 기술로 한다. 에너지를 효율적으로 운용하는 데 있어 큰 역할을 하고 있으며, 오늘날에도 바퀴라는 도구와 이를 이용한 기술이 각 부문에 응용되고 있다. 여기서는 바퀴라는 도구가 어떠한 것이고 고대에는 어떻게 만들어져 어떤 곳에 사용되고 또 어떠한 발전을 이루어 왔는지 간략하게 살펴보고 그것이 가진 의미를 되새겨 보고자 한다.

Ⅱ

1. 바퀴의 사전적 정의

바퀴의 사전적 정의를 보면 ① 돌리거나[자동차의 핸들(steering

---

2) Jared Diamond, *Guns germs and steel: the fates of human societies*, 김진준, 『총, 균, 쇠』, 문학사상사, 2013, p.112.

wheel) 또는 선박의 키(ship's wheel) 등 굴리려고 테 모양으로 둥글게 만든 것(circular component) 또는 회전을 목적으로 축(軸)에 장치한 둥근 테 모양의 물체(차륜 車輪 등)] ② 어떤 둘레를 빙 돌아서 제자리까지 돌아오는 횟수를 세는 단위(일주 一周)로 되어 있다.[3] 정의에 의하면 둥글고, 돌고, 구르는 것이 바퀴라는 것을 알 수 있다.

2. 원과 회전에 대한 인식

기본적으로 원(圓)이나 회전에 대한 인간의 인식은 자연현상 즉 둥근 태양과 달의 형태, 그리고 둥근 돌과 통나무와 같은 물체가 구르는 것을 보고 자연히 받아들여졌을 가능성이 높다. 특히 태양과 같이 생존에 필요한 열과 빛을 주고, 회전하는 것으로 보이는(실제로는 지구가 돌지만) 존재는 이러한 인식을 주는데 큰 영향을 주었다고 생각한다. 따라서 이러한 인식은 생활 방식에 큰 변천을 가져오게 되어, 물질적인 의식주 전반에 원과 회전을 이용한 도구와 기술을 적용하는 것은 물론 정신적인 사상에도 큰 영향을 주게 된다. 신석기시대에 출현한 의(衣)생활과 관련된 직조(가락바퀴) · 장신구, 식(食)생활과 관련된 토기의 성형(테쌓기/輪積法), 주(住)생활과 관련된 평면 원형주거의 건립 등은 이러한 것들을 반영하는 내용이다.

3. 바퀴의 기원

바퀴의 기원에 대해서는 확실하지 않으나, 고고학적인 자료에

---

3)   네이버 국어사전 '바퀴', http://krdic.naver.com/

의하면 원과 회전에 대한 인식이 강하였던 신석기시대부터 본격
화한 것으로 추정된다. 신석기시대부터 제작된 토기는 거의 대부
분이 둥근 몸체를 가진 것이고, 이를 제작하기 위해서는 테쌓기
(ring-building method)와 서리기(coiling method) 기법을 많이
사용하였다. 또한 제작 시 puki(토기의 둥근 저부 같은 것)와 같
은 것을 이용해 회전하면서 제작한 것이 많기 때문이다. 이밖에
도 귀걸이, 팔찌와 같은 둥근 형태의 장신구의 제작과 골각기나
패제품에 뚫린 구멍들을 보면 이를 짐작해 볼 수 있다. 특히 축에
연결된 바퀴로는 신석기시대의 가락바퀴가 가장 먼저 출현한 것
이다.[4]

4. 바퀴의 종류

바퀴의 종류는 그 기능에 따라 대체로 가락바퀴(紡車), 직조용
물레바퀴(旋輪車/取子車), 수레바퀴(車輪), 토기제작용 물레바
퀴(陶車/轆轤/陶鈞), 물레방아바퀴(水車), 돌이송곳(舞錐)의 바
퀴, 톱니바퀴(齒車), 도르래(滑車), 기타 등으로 나누어 볼 수 있
다. 바퀴의 형태에 따라서는 둥근 바퀴, 톱니바퀴, 도르래, 회전날
개 등으로 구분해 볼 수 있으며, 사용된 동력에 의해서는 풍력(風
車), 수력(水車), 동물력(수레, 연자방아), 인력(물레, 陶車), 에너
지(전기, 오일 등)에 의한 기계력(자동차, 배, 비행기 등) 바퀴 등
으로 나누어 볼 수 있다.

---

4)   우리나라에서는 신석기시대 전기유적에서 출토되고 있으므로 서기전 5,000
     년~3,500년 경 부터는 제작된 것으로 생각할 수 있다.

1) 가락바퀴(紡車)와 직조용 물레바퀴(旋輪車/取子車)

인류에게 식(食)생활과 함께 가장 중요한 문제는 추위를 막기 위한 의(衣)생활이다. 천연섬유로 실과 직물을 제조하게 된 것은 신석기시대부터이다. 신석기시대 이래 역사시대에 이르기까지 세계의 많은 유적에서 가락바퀴(紡錘車)가 출토되고 있다. 이 가락바퀴가 만들어지면서 옷을 지어 입는 직조혁신이 일어나게 되었다. 가락바퀴는 실을 만드는 도구로, 관성에 의한 지속적인 회전운동을 통해 섬유를 꼬아서 실을 제작하게 한다. 바퀴 가운데에는 둥근 구멍이 나 있으며 형태는 다양하나 평면은 모두 원형이다. 구멍에 가늘고 긴 막대를 끼워 축을 만들고 섬유를 이 축의 한쪽 끝에 이은 뒤 회전시켜서 단섬유(單纖維)를 합치고 꼬아 실을 만들거나 가는 실을 꼬아 굵고 긴 실을 제작하게 된다. 물체의 회전력과 관성을 이용한 도구이다. 우리나라에서도 서기전 3,000년기의 신석기시대의 패총유적인 서포항유적5)을 비롯해 많은 유적에서 방추차가 출토되었다. 신석기시대 이래 근·현대에 이르기까지 계속해서 만들어지고 사용된 것으로, 바퀴로서는 가장 오래된 것이다. 가락바퀴가 사용된 이후 솜이나 섬유를 자아서 실을 만드는 도구인 물레(얼레/旋輪車/取子車)가 만들어져 사용되었다. 직조용의 실을 잣는 물레는 초기의 공자형(工字形) 실감개에서 설주가 짝수로 이루어지고 횡목이 가로지른 형태로 변천한다. 손잡이를 돌려 회전하도록 하여 실을 감는 바퀴형태를 가진다. 우리나라에서는 역사시대의 충남 부여 쌍북리 북포, 궁남지 등 백제유적과 경남 함안 성산산성 등지의 가야유적에서 출토된 바가 있다. 테두리(rim)가 없는 것도 회전하는 방식으로 되

5) 조선유적유물도감 편찬위원회, 『조선유적유물도감』 1, 원시편, 동광출판사, 1990, p.63, p.80 도판 127.

02 | 북미 북서해안 원주민 Slash 여인의 방추차 사용

어 있어 바퀴 범주에 들어간다. 현대 미개문화를 가진 동 인도제도 루손 섬의 Tinguian족 방직 자료와 실감개 등에서도 우리나라 것과 유사한 내용을 확인할 수 있어, 각 민족 사이에 큰 차이가 없는 공통성을 지닌 도구라고 할 수 있다. 18세기경에 개량 직기의 발명으로 실이 대량 생산되고, 물레를 대신할 기계들이 만들어지면서 기계방직이 이루어졌고 이것이 산업혁명을 이루는데 큰 역할을 하였다.

방추차는 실을 제작하는, 의류를 만드는데 있어 가장 기본적인 작업을 하는 도구로, 이의 발명은 인류의 본격적인 의생활을 시작하게 하였으며 모든 바퀴 발명의 시원으로서 혁신적인 것이라고 하지 않을 수 없다.

2) 물레바퀴(陶車/Potter's Wheel)

신석기혁명의 큰 특징 중의 하나가 토기제작이다. 토기제작은 대체로 손비짐법 → 테쌓기법 · 서리기법(輪積法 · 捲上法) → 회전대제작 → 물레제작 순으로 그 제작법이 변천하였다. 신석기시대의 초기에는 나뭇잎, 토기의 둥근 저부편(Puki)을 회전에 이용하였을 가능성(윤적법, 권상법에도 이용 가능)과 원추형 진흙덩이를 땅속에 거꾸로 놓고 사용하였을 가능성도 많다. 회전대(turntable)에서 점차 손과 발을 사용해 돌리는 물레(potter's wheel)로 그리고 여기에 관성바퀴(flywheel)의 원리가 더해져 훨씬 무겁고 큰 도차로 발전하였다. 결국 가락바퀴와 마찬가지로 수평(橫)으로 도는 회전력과 관성의 법칙이 응용된 것이다. 발로

03 | 이집트벽화 토기제작 회전대

차거나 당겨 돌려서 지속적인 회전력을 얻게 되는 도차의 채택은 더욱 빠른 회전 속도와 자유로운 손의 사용을 가져와 토기의 대량생산화에 기여하게 된다. 이집트의 소조품이나 벽화에서는 토기제작에 회전대를 사용하는 내용을 볼 수 있다. 우리나라에서 토기제작에 물레를 사용하는 것은 원삼국시대에 들어서면서 부터이다. 현대에는 회전에 전력을 이용하여 회전력과 함께 속도의 조절을 얻는 전기 물레를 사용하나 이 역시 관성바퀴를 이용하는 기본 기술과 원리에서 옛 것과 큰 차이가 없이 동력원만 인력에서 전력으로 바뀐 것이다. 토기는 이후 도기와 자기로 발전하여 오늘에 이르고 있다. 토기제작에 사용하는 물레바퀴가 발명되면서 토기의 대량생산이 가능하게 되었다. 음식의 취사가 편리하게 되었고, 또 위생적이 되었으며, 무엇보다 곡식을 저장하는 것이 가능해 기근에 대비할 수 있어 식생활에 큰 혁신을 가져왔다. 또한 잉여생산으로 저장된 곡식을 교역에 사용해 보다 큰 사회로 성장하는데 밑받침이 되었다.

3) 수레바퀴(車輪)

수레바퀴의 역학적 원리는 미끄럼마찰(sliding friction)을 굴

림마찰(rolling friction)로 변화시켜서 물체가 이동할 때의 저항을
감소시키는데 있다. 수레바퀴는 '통나무 굴림대'와 '썰매'의 결합
으로 생겼을 가능성이 높다. 무거운 통나무 굴림대(散輪)를 매번
이동하여야 하는 불편함을 개량하고자 굴대 양측에 원판 붙여 굴
리는 착상을 하였을 가능성이 있기 때문이다. 또 신석기시대 이
래의 가락바퀴 및 토기제작용 물레바퀴의 회전 아이디어가 작용
하였을 가능성도 크다. 수평방향으로 회전하는 가락바퀴와 물레
바퀴를 수직(縱)방향으로 바꾼 발상이라고 믿어진다. 초기의 바
퀴는 바퀴살(spoke)이 없는 통으로 된 원반 바퀴이거나 널빤지
를 잘라 맞추어 가장자리를 둥글게 다듬어 결합한 합판 바퀴가
사용되었다. 서기전 2,700년경 덴마크의 헤르닝 부근 신석기시대
유적에서 발견된 수레바퀴는 원반바퀴로 널빤지를 결합한 형식
이다.[6] 서기전 2,500년경의 이라크 Sumerian Ur 왕족묘지 유적
에서 출토된 악기울림통의 그림을 보면, 노새(야생당나귀)가 끄
는 수레가 묘사되어 있는데 바퀴 세부가 잘 표현되어 있다.[7] 큰
통나무 토막을 종으로 절단하여 굵은 목판들을 만들고 다시 그
목판들을 수레바퀴 부품으로 가공한 뒤, 가공된 부품들을 결합하
여 수레바퀴를 만들었다. 메소포타미아 아카드제국 원통도장(서
기전 2220~2159년경)에 묘사된 수레의 바퀴도 이러한 원반바퀴
형식이므로 기원전 3천년기 후반까지는 이러한 바퀴가 사용되었

---

6) 중앙아시아 哈密 · 五堡지역의 청동기시대유적에서 출토된 수레바퀴 역시
  합판바퀴였다.
  朝日新聞社, 『樓蘭王國と悠久の美女』, 日中國交正常化20周年記念展 圖錄,
  1992, 日本, p.105, 도판 280.
7) Michael Roaf, *Cultural ATLAS OF MESOPOTAMIA and the Ancient Near
  East*, Equinox(Oxford), 1990, p.94

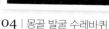
04 | 몽골 발굴 수레바퀴　　　05 | 신라 차형토기

을 가능성이 높다.[8] 그러나 원반바퀴와 합판바퀴는 무거워 속도
가 느리고 조정하기 힘든 단점이 있기 때문에, 이 단점 보완을 위
해 바퀴의 3~4군데에 구멍을 파게 되었으며, 이후 여기서 발전한
바퀴살이 있는 바퀴와 바퀴통(hub), 보완된 테두리(rim)가 등장
하면서 급속도로 발전하게 되었다.

　　우리나라에서 출토된 수레바퀴의 실물 예는 광주 신창동 원삼
국시대 초기유적에서 출토된 것이 유일하다.[9] 이밖에 낙랑유적
인 남정리 116호분에서 출토된 목제의 수레바퀴살 모형의 명기
(明器/무덤 속에 집어넣기 위해 만든 작은 기물)가 있으며, 역사
시대의 자료로는 고구려 벽화에 묘사된 수레그림과 신라의 수레
모양 토기, 또 신라, 가야지역에서 출토된 바퀴가 부착된 이형토
기 등이 있다. 또한 우리나라 역사기록 중 삼국사기에 나타난 수

---

8) Joan Aruz with Ronald Wallenfels(Edited), *ART OF THE FIRST CITIES*, The
　　Metropolitan Museum of Art, New York, 2003, p.215, 도판 142.
9) 趙現鐘 外, 『光州 新昌洞低濕地遺蹟』 I, 國立光州博物館, 1997.

레나 바퀴 관련 기사만 해도 10여 개가 넘는다.[10]

19세기 중반 금속바퀴 테두리에 생고무를 두른 고무바퀴 처음 사용되었고, 19세기 말에는 자전거의 공기 타이어(튜브형)가 만들어졌다. 오늘날에는 공기 튜브 없이 직접 고무바퀴에 바람을 집어넣는 튜브리스타이어가 개발되었다.

금속제의 청동바퀴는 유럽의 청동기시대에 이미 보이고 있으나 무겁고 단점이 많아 더 이상 발전하지 못하였다. 산업혁명이 지나며 기차가 발명되면서 쇠로 만든 바퀴가 등장하게 된다. 레일과 기차바퀴는 강철로 제작되었다. 강철바퀴는 변형이 적어 지면과 마찰하는 부분이 적고 에너지 효율성이 높다. 바퀴와 바퀴가 구르는 길이 모두 단단해 마찰력이 적다. 철로가 없이는 가지 못한다는 단점이 있으나 펑크가 없고 한 번에 많은 양을 수송한다는 장점이 있어 크게 개발되었다. 쇠바퀴는 인력수송용의 전차(電車)와 탱크와 같은 무기 그리고 롤러(Roller)와 같은 건설장비에도 사용되고 있다.

수레바퀴는 원반바퀴에서 출발하여 바퀴살바퀴, 두 바퀴 수레, 네 바퀴 마차, 금속바퀴, 고무바퀴 등으로 발전하여 오늘에 이르렀다. 오늘날에는 자동차, 기차, 비행기 등 모든 교통수단에 사용되고 있다. 미래에 이러한 바퀴가 또 어떠한 방식으로 변천하고 발전할지 알 수 없다. 소, 말과 같은 동물의 힘으로만 운송하던 수단이 수레바퀴의 발명으로 수레가 만들어져 훨씬 많은 짐을 싣고 훨씬 빠른 속도로 장거리수송이 가능하게 되었다. 결과적으로 광범위한 무역 네트워크가 이루어지게 되었으며, 정보전달이

---

10) 三國史記 卷 第三(新羅本紀 第三) 訥祇麻立干 二十二年(438년)條의 "인민에게 牛車의 法을 가르쳐주었다.(敎民牛車之法)" 등(牛車, 車馬, 轝, 車, 香車, 車輪, 輿, 軺), 金富軾(李丙燾 譯註), 『三國史記』(上)·(下), 乙酉文化社, 1987, 1988, p.63 외.

빠르고 넓어졌다. 식료생산과 직접 관련된 농촌, 어촌, 산촌에만 정주할 필요가 없이 장사가 이루어지는 큰 도시로의 이주가 가능하게 되었고, 왕국들은 수레를 전투무기로 삼아 지배영역을 넓힐 수 있었다. 더 빨리, 더 멀리 움직임으로 해서 행동반경이 넓게 확장되었다. 수레로 인해 도로가 생기고 시장과 도시가 발달하였다. 정보 전달의 속도까지 빨라져, 오늘날의 속도와 용량이 늘어난 컴퓨터와 같이 혁신의 기회를 가지게 되었다. 수레바퀴 역시 인류역사상 가장 중요한 발명품 중의 하나라고 할 수 있으며 인류는 또 한 번 진보를 이루게 되었다.

4) 물레방아(水車/water mill)바퀴

물레방아는 물레와 방아가 합쳐진 용어이다. 방아와 연결되지 않은 것도 많지만 일반적으로 물레방아라고 부른다. 크게 관개(揚水)용의 물레방아(龍骨車, 龍尾車, 筒車, 玉衡車)와 방아용(脫殼, 製粉)의 물레방아(水磨, 水碓, 水碾)로 구분할 수 있다. 그러나 광석을 빻거나, 종이나 직물을 만드는 공장의 기계에도 이 용어를 사용하게 되었다.[11] 실제 수력을 이용하지 않고 인력이나 동물력을 사용하여 물레방아를 돌리는 것도 이 물레방아의 범주에 들어간다. 물레방아의 기원은 서기전 3세기경의 그리스의 페라초라(Perachora) 유적에서 발굴된 내용에서 찾을 수 있다. 물레바퀴에 청동 또는 진흙 용기를 매달아 물을 긷는데 사용된 것으로 보고 있다. 이어 로마에서는 최초로 상, 중, 하사식(下射式) 물레방아를 가동하였다. 중국에서는 서기전 1세기경에 물레방아가 제철용 캄(cam)작동 풀무에 사용되었으며, 이미 이시기에 수

---

11) 李春寧 · 蔡永岩, 『韓國의 물레방아』, 대학교양 총서 23, 서울大學校 出版部, 1986, p.1.

06 | 한국 물레방아

력에 의한 연자방아가 존재하였을 것으로 보고 있다. 고대의 물레방아는 대부분 탈곡, 제분에 이용되었거나 양수 등의 한정된 작업에만 이용되었으나, 6세기경에는 고대 로마 도시에서 회전운동을 직선운동으로 바꾸는 크랭크(Crank)가 수차와 연결되어 제재소에 사용되었던 것이 고고학적으로 입증된 바가 있다. 그러나 유럽에서 본격적으로 크랭크가 수차와 결합하여 사용된 것은 중세기 후기로, 이후 많은 공장에서 다양하게 이용되었다. 증기기관이나 내연기관과 같은 새로운 연료와 동력을 이용하는 산업혁명의 시기 전까지는 동력원으로써 큰 역할을 담당하였고, 아직도 인도, 이집트 등 많은 국가에서 사용되고 있다. 아직 우리나라 고대 물레방아에 대한 고고학적인 자료는 찾지 못하였지만 역사문헌에 나타난 것은 고려 공민왕 때가 처음이다.[12] 조선시대에 들어와서는 물레방아의 보급이 확산되었고, 국가에서 활용을 권고하였다. 조선 후기에는 방적과 제지 등 여러 방면에 이용되었으나 유럽처럼 발전하지는 못하였다. 물레방아의 발명으로 인류는 가뭄에도 농경지에 물을 댈 수 있게 되었고, 물의 힘을 이용해서 기계를 돌려 탈곡, 제분 등에 노동력과 시간을 절약하게 되어 여가의 시간을 보다 창의적인 것에 사용하게 되었

---

12) 주 6)의 上揭書, p.17 高麗史(食貨 二, 農桑, 恭愍王 11年條) 水車 보급에 대한 건의.

다. 고대의 농경 혁신을 가져온 중요한 아이템이다.

5) 발화구 및 돌이송곳(舞錐)의 관성바퀴

인류는 불을 사용하면서 모든 것이 크게 바뀌게 되었다. 불의 사용은 인간의 활동시간을 연장하여 주었으며 생활권역을 넓히는 동시에 생존능력도 증대시키게 되었다. 처음에는 자연에서 발화된 불을 얻어 사용하였으나, 곧 불을 스스로 만들 수 있게 되었다. 발화구는 중기구석기시대 이래로 사용되었다고 믿어지나 확실한 근거는 가지고 있지 못하다. 나무 조각들을 서로 마찰시켜 불을 얻는 마찰화법이 일반적이었다. 이 마찰화법에는 몇 가지 방법이 있으나 그중 가장 많이 사용된 것이 화찬법(火鑽法)이라고 하는 회전마찰에 의한 발화법이다. 화찬법은 구멍이 파진 나무발화판(臺木)에 발화막대(木棒)를 집어넣고 빠르게 회전시켜 발화시키는 방법이다. 이 형식의 발화구는 아프리카지역에서도 사용된 전 세계적으로 일반화된 발화도구이다. 우리나라에서도 원삼국시대 초기(기원 전 1세기경)의 광주 신창동 저습지(低濕地)유적에서 출토되었다.[13] 신창동유적 발화구와 같은 것은 외국 예에서 보듯이 우리나라에서도 신석기시대부터 사용되었다고 믿어지며 이후 역사시대[14]에 들어서기까지도 계속 사용되었음은 확실하다고 하겠다. 이 발화구를 사용하는 방법으로는 손비빔식 · 끈회전식 · 궁추(弓錐)활비비식 · 무추(舞錐)활비비식 등

---

13) 趙現鐘 · 申相孝 · 張齊根, 〈光州 新昌洞 低濕地 遺蹟〉Ⅰ, 國立光州博物館, 1997 pp.50~51.

14) 고분시대의 발화구 예로는 고구려의 6세기 대 고분벽화 중 輯安(通溝) 오회분(오괴분) 제4호의 燧神 그림에 묘사된 것이 유일하다. 朝鮮畵報社, 〈高句麗古墳壁畵〉, 1985, 圖219.

이 있다.[15] 초기에는 양손으로 발화막대를 회전시켜 불을 일으켰으나, 곧 회전도구인 활비비나 회전끈과 같은 보조도구를 사용해 보다 빠르고 쉽게 불을 일으켰다. 무추활비비는 발화막대의 하부에 관성바퀴(회전속도조절바퀴, 慣性車/weight acting flywheel)를 달았는데 이는 회전에너지를 저장하였다 사용하는 원리를 적용한 것이다.

선사시대에는 끈으로 된 고리를 걸어야 하는 도구나 장신구(반월형석도, 각종 구슬, 귀걸이 등), 자루를 끼워야 사용할 수 있는 도구(곤봉두/환상석부)들이 있어 구멍을 뚫는 천공(穿孔/구멍 뚫기)기술과 천공도구가 필요하였다. 경도(단단함)가 높은 돌송곳을 손으로 비벼 돌리는 방법이 일반적이었다고 믿어진다. 후기 구석기시대인 35,000년 전 호모사피엔스가 회전도구를 응용하여 구멍을 뚫기 시작한 이후, 발화도구나 마찬가지로 점차 발전하여 활대로 축을 돌려 지속적으로 회전이 가능한 도구인 활비비(弓錐, Bow Drill)가 등장하게 되었다. 이는 수평운동을 회전운동으로 전환하여 구멍을 뚫는 기술이다. 이러한 활비비는 오늘날의 현대미개문화에서도 확인된다. 이 활비비에서 더 발전한 송곳이 돌이송곳(舞錐, Pump Drill)인데 이 돌이송곳에는 축의 하부에 관성바퀴(회전속도조절바퀴, 慣性車, weight acting flywheel)가 부착되게 된다. 돌이송곳은 송곳끝날(bit), 송곳자루, 관성바퀴, 활대, 활줄, 축구멍 등으로 구성되어 있다. 이는 수직운동을 회전운동으로의 전환시켜 구멍을 뚫는 기술인데, 에너지는 회전속도제곱에 비례한다. 회전용 돌송곳(끝날)이 경북 울진 후포리 신석기유적에서 발견된 바가 있어 신석기시대부터 이러한 회전을 이용한 구멍뚫기가 시작되었음을 알 수 있다.

---

15) 奈良國立文化財研究所, 〈木器集成圖錄〉, 近畿原始篇, 1993, pp.191~195.

이렇듯 관성바퀴는 회전하는 물체의 회전속도를 고르게 하도록 회전축에 달아 놓는 바퀴로 '불 피우기'와 '구멍 뚫기'용의 무추활비비에 사용되었다. 우리나라에서는 청동기시대의 석제 관성바퀴가 가장 오래된 것이다. 청동기시대 조기유적인 함경북도 무산 호곡유적을 비롯해 경남 산청 묵곡리 등의 청동기유적에서 많이 보이는데 모두 돌로 만든 것이다. 역사시대의 예로는 경남 함안지역의 가야 성산산성유적에서 출토된 목제의 돌이송곳 관성바퀴가 있다.[16] 근대 민속품에서도 이러한 목제 관성바퀴가 달린 돌이송곳을 볼 수 있는 것으로 보아 목제 관성바퀴도 많이 만들어졌을 것으로 추정한다.

시대가 바뀌어 톱니바퀴가 만들어지면서 회전운동의 방향 전환 및 톱니의 수에 따라 회전속도 증가하는 드릴이 만들어졌으며, 수동에서 전력을 사용하는 전동드릴로 발전하였으나 기본적인 기술과 원리는 크게 변한 것이 없다. 관성바퀴의 발명으로 힘을 덜 들이고도 추의 회전속도를 늘릴 수 있어 발화와 천공에 대한 기술혁신을 가져오게 되면서 결국 인류 생활발전에 커다란 진전을 가져오게 되었다.

6) 톱니바퀴(齒車)

톱니바퀴는 바퀴에 톱니를 부착한 형태이지만 톱니끼리 서로 맞물리는 힘으로 동력을 전달하는 장치이다. 회전하는 톱니바퀴에 부착된 두 축의 상대적 위치에 따라, 또 톱니 형태의 구성방식에 따라 다양한 회전운동과 직선운동이 이루어진다. 또 톱니바퀴를 배열하는 방식에 따라 필요로 하는 동력을 전달할 수 있다. 작고 큰 톱니바퀴를 조합하여 회전속도를 변환 시키거나, 두 개의

16) 국립가야문화재연구소·국립김해박물관,『나무, 사람 그리고 문화』, 2012.

톱니바퀴를 각기 수평, 수직으로 맞물려 방향을 전환하기도 한
다. 또 체인 내부에 걸어 무한궤도를 만들 수도 있다. 톱니바퀴
가 발명됨으로 해서 바퀴의 수평운동, 수직운동의 방향을 전환하
고, 속도를 조절하는 등 커다란 기술혁신을 가져오게 된다. 톱니
바퀴에 대한 기본인식은 고대 그리스 로마의 물레방아에서 이미
찾아 볼 수 있다고 하겠다. 본격적인 톱니바퀴에 대해서는 대체
로 알키메데스(Archimedes)나 헤론(Heron) 등의 그리스 학자들
에 의해 발명되었다고 보는 견해가 많다. 로마의 난파선에서 발
견된 유명한 '안티키테라의 기계'가 서기전 2~1세기경(150~100
BCE)경에 만들어진 것이라고 하므로 그 역사가 오랜 것은 틀림
없다. 중국에서는 남북조시대의 심약(沈約)이 편찬한 '송서(宋
書)'에 서주시대(1050~771 BCE)에 지남거(指南車)가 발명되었
다고 하나, 잘 알 수 없고 후에 3세기경 삼국시대 위(魏)의 마균
(馬鈞)이 나침반이 없는 지남거를 만들었다고 하니 이것에 톱니
바퀴가 사용되었을 것이다. 톱니바퀴의 원리를 이용해서 많은 기
계의 발달을 가져왔지만 가장 혁신적인 것은 기계시계의 발명이
다. 첫 번째 기계시계는 중국 당나라 때인 725년에 일행(一行)과
양령찬(梁令瓚)에 의해 만들어진 혼천시계이다. 유럽에서는 14
세기경에 추를 동력으로 한 시계들이 영국과 프랑스 등지에서 만
들어졌다. 우리나라에서는 톱니바퀴의 이용이 크지는 않았던 모
양이나, 조선 현종 때인 17세기에는 천문기구인 혼천시계가 송이
영에 의해 만들어졌다. 놋쇠로 깎아 만든 톱니바퀴들을 회전시켜
시각을 가리키고 조절하게 되어 있다. 기계시계는 기계를 움직이
는 동력원을 시계추에서, 태엽으로 바꾸었고 다시 전기로 바꾸었
으나 기본적으로 톱니바퀴를 배열해 시간을 맞추는 것이다. 물
론 이제는 전자회로를 사용해 수정을 진동시켜 시간의 기준이 되
는 신호를 얻어내는 단계의 수정시계와 디지털시계로 진화가 계

속되지만 결국 톱니바퀴의 발명이 이렇게 큰 발전을 가져온 것이
다. 시계는 시간개념을 뚜렷하게 해주고 시간의 배분과 중요성,
일의 순서와 계획 작성, 시간의 측정과 시간의 공유 등에 큰 기능
을 가지기 때문에 사회전반에 큰 영향을 주었다. 이밖에도 톱니
바퀴는 동력을 전달하게 하는 각종 기계에 사용되어 내연기관과
같은 새로운 에너지원과 함께 기계에 의한 대량생산을 가져오고
직능의 전문화 등 18~19세기의 산업혁명을 이끈 가장 혁신적인
도구가 되었다.

7) 도르래(滑車)

도르래는 가운데에 홈이 파진 바퀴에 밧줄이나 쇠사슬 따위
를 걸어 힘이 작용하는 방향을 바꾸거나, 적은 힘으로 물체를 이
동시키기 위해 사용하는 기구이다. 무거운 것을 들거나 움직이는
데 쓰이며 고정도르래와 움직도르래로 나뉜다. 고정도르래는 고
정된 축에 바퀴가 달려 있는 것이다. 움직이는 힘을 줄이지는 못
하지만 방향을 바꿀 수 있어, 두레박과 같은 것을 끌어올리는 대
신 방향을 바꿔 아래로 당겨 쉽게 사용하는데 유용하다. 반면 움
직도르래는 지지대를 통해 힘을 절반으로 줄일 수 있다. 고정도
르래와 움직도르래 여러 개를 결합한 것을 복합도르래라고 하는
데 움직이는 방향과 힘을 크게 줄일 수 있다. 도르래와 유사한 것
이 서기전 1,500년경 메소포타미아에서 만들어졌다는 이야기가
있으나 확실하지 않고, 서기전 3세기경에는 유명한 그리스의 아
르키메데스가 복합도르래를 사용해 배를 육지로 끌어올렸다고
하는 주장이 있다.[17] 중국 춘추시대에서 서한시대에 걸쳐 사용된

---

17) 정찬호, 『과학완전정복』, 삼성출판사, 2008, pp.279~281. 로마의 건축가
    Vitruvius가 최초로 언급했다고 한다.

호북(湖北) 동록산 고동광(古銅鑛)의 발굴자료를 통해 보면 광산에 수정(竪井)과 갱도를 파고 막장(旨井)에서 나무로 만든 도르래를 사용해 광석을 파 올렸음을 알 수 있다.[18] 한대(漢代)에 제작된 토기로 된 우물 모형에는 도르래가 달린 것이 보이고 있어 도르래가 이 시기에 일상적으로 사용되었음을 알 수 있다.[19]

또한 중국 명나라 숭정 10년(1637년)에 간행된 『天工開物』에도 이와 같은 도르래의 그림이 실려 있다. 우리나라에서의 도르래 사용에 대한 것으로 유명한 것은 정약용이 설계해 만든 거중기이다. 정조의 명으로 수원 화성을 축조할 때 복합도르래의 원리가 적용된 도르래를 사용해 2년 반이란 짧은 기간에 성을 완성할 수 있었다.[20] 도르래는 처음 우물에서 물을 긷는데 사용되었다가 점차 화물과 사람을 상하로 운반하는 데 사용되었다. 오늘날에도 엘리베이터, 에스컬레이터, 로프웨이, 체인블록, 피대 등 다양한 기계에 사용되고 있다. 특히 엘리베이터의 안전장치가 고안되면서 고층빌딩의 축조가 가능해졌으며 도시의 경관을 오늘날처럼 바꾸어 놓게 되었다. 도르래바퀴의 발명이 사회를 크게 바꾸어 놓은 것이다.

8) 기타

그밖에 고대에 사용된 바퀴로는 산륜(散輪/무거운 물건을 옮길 때 그 밑에 괴는 둥근 나무토막), 목공용 물레바퀴(旋車), 팔랑

---

18) 夏鼐 · 殷瑋璋, 「湖北銅綠山古銅礦」, 〈考古學報〉 第一期, 科學出版社, 1982. 둥근 나무통에 줄을 감아 한쪽을 당기면 다른 한쪽 줄에 매달린 통이나 사람이 올라올 수 있다.

19) 中國美術展圖錄, 『漢代の美術』, 大阪市立美術館, 1974, p.20 圖版1-166, 1-170.

20) 水原市文化財保全會, 『華城城役儀軌』, 1965; 奎章閣本 중 華城行宮本, 擧重器 全圖 分圖 p.42; 轆轤 全圖 分圖 p.43; 大車 全圖 分圖 p.44; 平車 全圖 p.44; 發車 · 童車 p.44.

개비(風車)나 회전날개, 맷돌바퀴, 연자방아(연자매)의 바퀴, 원통도장, 기도(祈禱)바퀴 등이 있다. 이들 바퀴도 도구로서 인류의 생활 편의 증진에 크게 기여한 것이나 지면상 설명을 생략하기로 한다.

5. 바퀴의 상징

바퀴는 신앙, 종교의 상징으로서도 많이 사용되었다. 고대 이집트인에게는 바퀴가 태양의 상징이었으며, 그리스신화에 나오는 네메시스(Nemesis)의 표현에도 한손에 물레바퀴를 들고 있다. 대표적인 것은 불교의 법륜(法輪)이다. 법륜은 진리의 수레바퀴(Mahayana/Hinayana)를 의미하며 부처가 설법한 가르침의 상징이다. 아소카시대부터 3~4세기에 이르기까지 원시불교에서는 바퀴 자체가 좋은 법 혹은 부처의 가르침을 상징했고, 그 의미는 원형의 태양이 온 세계를 비추듯이 바퀴는 몽매한 중생들을 훤히 비추는 불법을 가리킨다.[21] 고대 메소포타미아문명에서 보이는

07 | 메소포타미아 채문토기문양 sialk / samara

---

21) 장 부아슬리에(Jean Boisselier), *(La)sagesse du bouddha*, 이종인 역, 『붓다』, 시공사, 2011, p.74, p.130.

유물들, 특히 채문토기에서 보이는 문양 중에는 내부가 네 구획
으로 나누어져 있는 원형의 문양들을 볼 수가 있는데, 이들 문양
은 십자, X자 아니면 동물과 같은 물체가 시계반대방향으로 회전
하는 모습을 보이고 있다. 이러한 십자문 또는 중앙의 4구획 모
티프는 동서남북이나 4계절을 뜻하는 것으로 보기도 하지만, 기
본적으로는 우주의 본질을 상징하고 있는 것이다.[22] 이러한 태
양 또는 우주에 대한 상징성은 문화의 동점(東漸)과 함께 중국
과 우리나라에까지 미쳤다고 생각된다. 몽골 암각화에 표현된 태
양신 숭배 부호[23]나 중국 은(殷)대 태양문 거울, 그리고 우리나
라 청동의기와 거울 등의 문양에서 보이는 모티프가 상통한다는
점은 이미 지적한 바와 같다.[24] 힌두교와 탄트라 불교에서 종교
의례를 거행할 때나 명상할 때 사용하는 상징적인 그림인 만다라
(Mandala, 曼茶羅) 역시 기본적으로 우주를 상징하는데, 티베트
의 '탕카'에 그려진 만다라의 안쪽 원은 4각형을 둘러싸고 있는
형상이 많다. 기본적인 모티프가 동일하다. 결국 태양, 우주가 둥
글고 회전한다는 의식과 함께 숭배의 대상으로 작품을 구성하는
기본 단위가 되는 무늬로 표현되었다고 믿어진다. 바퀴가 갖는
상징성은 결국 태양이나 우주와 같은 것이며, 고대 메소포타미아

---

22) 고대 메소포타미아를 중심으로 한 중동지역 일대에 발견되는 채문토기는
   서기전 6,000년기부터 제작되었다. 하수나(Hassuna)문화내용에서 보이는
   채문토기들을 보면 광범위한 교역망을 가지고 있었다고 믿어진다. Sialk,
   Ubaid, Seskло, Eridu, Samarra, Halaf 문화의 신석기시대 유적에서 출토되
   는 채문토기들의 문양에서 이러한 회전형 십자문 모티프를 쉽게 찾아볼 수
   있다. 십자문은 우주의 중심 즉 만다라(曼茶羅/우주 공간에 다양하게 전개
   된 신앙 양상)를 표현한 것으로 해석되고 있으며, 十자와 卍자를 동일한 의
   미를 가진 것으로 보는 견해와 함께 Hassuna 토기에서 보이는 卍자 기호가
   춘양(春陽/Vernal Sun)을 나타내고, 생명력을 상징한다는 주장도 있다.
23) 張文靜,「內蒙古烏山地區的車輛岩畵」,『北方文物』第1期, 2013, pp.39~42.
24) 李健茂,「傳 益山 出土 圓形有文靑銅器」,『尹武炳博士 回甲紀念論叢』, 1984.

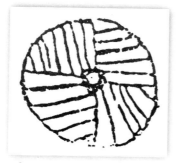

08 | 몽골암각화

09 | 중국 은대 동경

10 | 신창동 칠기

11 | 중국 한대 토기

등지의 4구획의 표현(卍자나 나선문, 十자문 포함)은 우주의 회
전을 상징하는 것으로 샤머니즘이나 후대의 불교 등에도 큰 영향
을 미쳤다고 할 수 있다.

Ⅲ

신석기시대에 가락바퀴가 발명되어 사용된 이래, 바퀴는 분화
와 진보를 거듭하면서 인류생활의 거의 모든 분야에 있어 큰 변
화와 혁신을 가져왔다. 의식주를 비롯한 모든 생활부분에서 사용

된 각종 도구의 바퀴응용은 인력(노동)과 시간을 크게 절약하여 생산의 증대를 가져왔으며, 여가를 다시 창의로 돌릴 수 있게 하였다. 운송수단과 전투에 활용된 수레바퀴는 교역과 정복으로 문명의 성립과 문화 전파에 지대한 영향력을 끼치며 오늘에 이르렀다. 오늘날의 문명의 이기인 자동차나 비행기를 비롯해 각종 기계는 물론 음악기기와 스포츠 용구에 이르기까지 바퀴가 사용되지 않은 것은 거의 찾아 볼 수가 없다. 역사의 흐름과 함께 바퀴는 그동안 몇 차례에 걸쳐 각 부분에서 응용과 변화를 이루었다. 바퀴의 쓰임새에 따라 종류와 형태도 다양하게 분화하였으며, 바퀴가 움직이도록 가해지는 동력(에너지)의 이용도 사람, 동물, 물, 바람, 연료, 전기 등으로 다양해졌다. 특히 바퀴에 이(齒)를 붙여 톱니바퀴(齒車)를 만들면서 힘의 방향과 속도를 조절하게 되어 힘을 통제하게 되었다. 각종 기계에 응용되면서 산업화의 속도를 빠르게 하였다. 기계시계와 같이 톱니바퀴가 주된 부속으로 이루어진 기계가 발명되면서 시간에 대한 개념이 명확해지고, 시간을 공유하고, 시간의 예측이 가능해져, 개인 작업은 물론 전쟁이나 혁명의 H-hour에 이르기 까지 중요한 일에 이용되면서 사회를 크게 바꾸어 놓게 되었다. 아울러 바퀴가 갖고 있는 상징성으로 원시신앙과 사상은 물론 샤머니즘과 불교를 비롯한 종교에 이르기까지 큰 영향을 미쳤다. 바퀴는 오늘날까지 계속 인류의 삶을 윤택하게 하기 위해 지속적으로 변화하고 있다. 심지어 오늘날의 컴퓨터와 컴퓨터 마우스에 이르기까지 바퀴가 사용되지 않는 것은 없다. 인류기술의 발전은 중단이 없고 끝이 없다. 시계가 디지털시계로 바뀌고 바퀴가 없는 자기부상열차까지 등장하였지만, 바퀴는 여전히 혁신의 아이콘으로 미래를 향해 더 빠르게 진화를 계속할 것이다. 바퀴는 실로 인류문명의 견인차라고 할 수 있다.

역사를 만든 혁신의 아이콘

활자와 책
– 조선시대의 활자와 책 –

강명관 부산대학교 한문학과 교수

▲ 「계미자본(癸未字本)」

활자와 책
-조선시대의 활자와 책-

I. 머리말

인간의 세계에 대한 인식은 언어화 될 때 비로소 유의미해진
다. 하지만 언어는 증발한다. 언어의 증발을 막기 위해 지식을 물
질적 형태로 고정할 필요가 있다. 그 고정물은 나무일 수도, 돌일
수도, 금속일 수도 있다. 그리고 컴퓨터의 디스크일 수도 있다. 하
지만 인간이 발명한 가장 유연하고 편리한 물질적 형태의 지식
고정물은 종이책이다. 전자책이 종이책을 흉내 내지만 종이책의
편리성을 따라잡지는 못할 것이다.

종이책의 발명은 지식을 고정하여 물질화 되면서 유통의 편리
성을 얻었다. 책의 발명 이후 지식은 거의 대부분 종이책을 통해
유통되었다. 종이책은 자신이 담고 있는 지식을 인간의 머릿속에
복제하면서 동일한 지식을 갖는 인간을 만들어내었다. 전근대사
회에서 책이야말로 인간을 의식화 하는 거의 유일한 유단이었던
것이다.

이제 조선시대의 종이책의 제작과 지식의 유통에 대해 간단히
언급하고자 한다. 먼저 조선시대에 상용화된 금속활자를 실마리
로 삼아 출발해 보자.

Ⅱ. 금속활자와 사족(士族)

금속활자는 고려 때 이미 발명되었다. 하지만 지금 남아 있는 증거로는 금속활자의 사용이 어느 정도 확산되었는지 어떤 책을 찍어내었는지 확인하기란 불가능하다. 분명한 것은 금속활자가 상용화된 것은 조선시대다. 다만 우리가 생각하는 것처럼 금속활자는 동일한 대량의 복제물을 얻기 위해서 사용되었던 것은 아니다. 도리어 금속활자는 소량의 인쇄물을 신속하게 얻을 수 있다는 장점 때문에 채택되었다는 것이다. 대량의 인쇄물을 얻기 위한 인쇄술은 뜻밖에도 목판이었다.

1234~1241년 사이에 인쇄된 최초의 금속활자인쇄본인 『고금상정예문(古今詳定禮文)』이 겨우 28부만 인쇄되었다는 사실은 금속활자가 애초 대량의 인쇄물을 얻기 위한 것이 아니었음을 입증한다. 현재 남아 있는 세계 최고(最古)의 금속활자 인쇄본인 『직지심경(直指心經)』(1377년 청주목 흥덕사에서 찍음) 역시 사찰에서 소량의 부수를 얻기 위해 제작한 활자로 인쇄된 것일 터이다. 『고금상정예문』과 『직지심경』의 예에서 보듯 금속활자는 대개 국가나 사찰에서 보유하고 있었다. 조선시대에 들어와서도 금속활자를 민간에서 보유하는 경우란 극히 드물었다. 거의 금속활자는 국가나 관청에서 제작하고 보유하고 있었다.

고려 때 만들어진 금속활자는 여말선초(麗末鮮初)의 혁명가 정도전(鄭道傳)의 관심을 끌었다. 그는 「서적포시(書籍舖詩)」에서 금속활자로 많은 유학 서적을 인쇄해 불교와의 사상 투쟁에서 승리하자고 다짐했다. 그의 제안은 이내 사대부들 사이에 공감을 얻었다. 태종 때 계미자가 만들어졌고, 이어 세종 때 그것을 개량하여 갑인자 경자자 등의 활자가 만들어졌다. 성종 때까지 활자는 여러 종류가 추가되었고, 조판술이 개선되면서 조선 전기의 활자는 막대한 종류의 책을 토해 내었다. 그 활자의 목록을 보이면 다음과 같다.

⋮

　　태종-계미자(1403)
　　세종-경자자(1420), 갑인자(1434), 병진자(1436)
　　문종-경오자(1450)
　　세조-을해자(1455), 정축자(1457), 무인자(1458), 을유자(1465)
　　성종-갑진자(1484), 계축자(1494)
　　중종-병자자(1516 · 1519)
　　선조-경서자(1588)

⋮

성종 때까지의 활자 중에서 대표적인 것을 골라 인쇄한 책의 종수를 들면 다음과 같다.

⋮

　　계미자(1403)-12종
　　경자자(1420)-31종
　　갑인자(1434)-76종
　　을해자(1455)-172종
　　을유자(1465)-12종
　　갑진자(1484)-24종

⋮

이것은 물론 일부에 불과한 것이다. 임진왜란 이전까지의 금속활자로 인쇄된 서적을 여기에 더한다면, 그 수는 엄청나게 불어날 것이다. 어쨌든 위의 5종의 활자본만으로도 서적의 발행 종수가 폭발적으로 늘어나고 있음을 짐작할 수 있을 것이다.

이렇게 국가가 정력적으로 활자를 만들고 그 활자로 책을 쏟아냈던 것은, 고려와 확실히 다른 현상이다. 이 현상은 조선의 건국 세력인 사족과 관련이 있다. 1392년 조선은 성리학을 국가이데올로기로 삼아 건국되었다. 성리학은 지식인의 국가/사회 지배를 원칙으로 삼았다. "글을 읽으면 사(士)라고 하고, 정치에 종사하면 대부(大夫)라 한다(讀書曰士, 從政曰大夫)"란 말이 있듯, 사대부는 기본적으로 독서인이었고, 이 독서인이 과거를 통해 관료가 되어 행정에 종사하는 것이 원칙이었다.

생래적 특권을 갖는 귀족과 달리 사족, 곧 사대부는 성리학과 문학에 대한 교양을 필수적으로 갖추어야만 하였다. 하지만 조선이 건국되었다 해서 사대부 계급이 금방 만들어진 것은 아니었다. 따라서 유가적 교양을 갖춘 사대부를 만들어내는 것이 긴급한 과제로 떠올랐고, 이 과제를 해결하기 위해서는 무엇보다 많은 책의 공급이 이루어져야만 하였다. 그리고 그 조짐은 조선이 건국되기 전부터 나타나고 있었다. 즉 고려 말 사대부들에 의해 다수의 책이 인쇄되었던 바, 그것은 확실히 불교국가 고려에서 기대하는 책들이 아니었다. 예컨대『근사록(近思錄)』,『사서집주(四書集注)』등의 책이 인쇄되었으니, 그것은 성리학을 진리로 수용한 사대부의 생각과 행위를 형성하는 책들이었다. 조선이 건국되자 국가는 금속활자를 만들고 이런 책들을 재빨리 찍어내기 시작하였다. 이렇게 인쇄된 책이 읽히면서 사대부가 만들어지기 시작했던 것이다.

Ⅲ. 국가와 책의 인쇄

조선시대에는 수많은 책이 인쇄되고 보급되었지만, 그 책을 만들고 보급하는 주체는 국가였다. 민간에서 책을 상업적으로 인쇄하여 판매하는 경우가 조선 후기에 나타나기는 하지만, 그것이 출판의 압도적 주류가 된 적은 없었다. 방각본(坊刻本)이란 것이 민간의 상업적 출판물인데, 그것은 아무리 빨라도 18세기 후반을 거슬러 올라가지 못한다. 민간의 출판이 아주 더디게 소규모로 출현한 것처럼 민간에서 책을 전문적으로 판매하는 공간, 곧 서점은 아무리 빨라도 18세기의 끝 무렵에 출현한 것으로 보인다. 책은 주로 서쾌(書儈, 책거간)를 통해 소규모로 유통되었다. 서쾌는 조선 중기부터 출현했고, 후기로 올수록 그 활동이 활발해졌다.

민간에서 책의 인쇄와 유통이 발달하지 않았던 것은 기본적으로 지식시장이라 할 만한 것이 형성되어 있지 않았고, 또 국가가 주도하는 책의 인쇄, 보급이 상대적으로 활발했기 때문이었다. 책의 인쇄와 유통을 맡은 기관은, 서울은 주자소(鑄字所)와 교서관(校書館)이었고, 지방에서는 관찰사가 소재하는 감영(監營)과 군(郡), 현(縣) 등 지방 행정단위가 모두 책을 인쇄할 수 있었다. 지방에서 제작한 책의 목판은 해당 지방 행정단위가 간직하였다. 서울의 출판기관인 주자소와 교서관은 금속활자를 보유하고 있었고, 또 목판도 제작하였다. 하지만 보다 많은 종수의 책을 인쇄하는 데는 금속활자가 절대적으로 유리했기 때문에 중앙에서는 주로 금속활자를 이용하여 책을 인쇄하였다. 이렇게 하여 인쇄한 책은 대개 왕실과 관청, 그리고 고급 관료들에게 하사되었다. 만약 그 중 수요가 많은 책은 금속활자 인쇄본을 가지고 다시 목판을 만들었고, 그 목판은 교서관에서 간직하였다. 어숙권(魚叔權)의 『고사촬요(故事撮要)』에 실린 '서책시준(書册市準)'(서적의 市價)를 보면, 교서관에서 인출해준 책의 종류와 종이, 비용 등을 소상히 밝히고 있다. 책이 필요한 사람은 책의 인쇄에 드는 종이와 비용을 가지고 교서관으로 가서 책을 인출한 것으로 보인다. 찍어준 책은 사서오경(四書五經)(사서-『논어』, 『맹자』, 『중용』, 『대학』, 오경-『시경』, 『서경』, 『주역』, 『예기』, 『춘추』)과 같은 경전, 『고문진보(古文眞寶)』와 같은 문장 학습서, 『소학(小學)』과 같은 수신서,『향약집성방(鄕藥集成方)』 같은 의서(醫書)가 주류를 이루었다. 곧 사대부들의 지식과 교양의 근저를 이루는 책이었다.

금속활자는 서울의 주자소와 교서관에만 있는 것이었다. 국가의 공용문어가 한문이었으므로 책도 당연히 한문으로 쓰인 것이었고, 따라서 금속활자도 '한자 활자'일 수밖에 없었다. 하지만 금속활자는 한 번에 10만 자를 넘게 주조해야만 하였으니, 그것의 제작과 관리에는 엄청난 비용이 소요되었다. 지방의 경우 많지 않은 수요를 위해 굳이 금속 활자를 제작할 필요가 없었다. 지방 관아에서는 목판인쇄를 택하는 것이 자연스러운 일이었다.

지방에서는 주로 현감이나 군수, 감사 등 지방관이 각급의 행정단위에서 인쇄할 책을 선정하였고, 때로는 중앙 정부의 명령에 따라 요구하는 목판을 제작하여 책을 인쇄하기도 하였다. 중앙 정부는 수요가 많은 책이거나 특별히 전국에 보급해야 할 책은 각 지방에 명하여 목판을 제작해 인쇄하게 하기도 하고, 때로는 중앙에서 찍은 금속활자 인쇄본을 내려 복각하여 책을 인쇄하게 하였다. 때로는 지방관이 자신과 혹은 자신의 동료들의 필요에 의해 목판을 제작하기도 하였고, 이것이 문제가 되기도 하였다.

지방 행정단위에서 제작한 책판은 그 행정단위에서 보관하였다. 앞서 잠시 인용했던 『고사촬요』의 팔도 책판목록(八道册版目錄)을 보면, 16세기까지 지방에서 찍은 책의 종류와 총량을 대충 짐작할 수 있다. 대개 수요가 많은 책으로 이 목록을 분석하면 조선전기 사대부 사회에 공급되었던 지식의 종류를 추정할 수 있다.

지방행정 단위는 목판을 소장하고 있으면서 개인의 인출(印出) 요구에 부응하였다. 물론 그 구체적인 사례는 흔치 않지만,

드문 것을 결코 아니었던 것으로 보인다. 예컨대 16세기 말의 저명한 학자이자 장서가였던 유희춘(柳希春)의 사례를 보자. 유희춘은 어떤 지방관아에 목판이 있다는 것을 확인하면, 친분관계에 있는 지방관에게 편지를 보내어 자신이 필요한 책의 인쇄를 부탁했다. 이런 방식은 아마도 당시 양반들 사이에 널리 유행하던 방법으로 보인다. 이것이 기본적으로 인쇄본을 통해 지식이 유통되는 방식이었다.

미려(美麗)한 인쇄본을 얻는 것이 지식을 획득하는 가장 확실한 방법이지만, 인쇄본은 매우 희귀한 것이었다. 인쇄본을 구할 수 없다면, 가난하거나 아니거나, 사본을 만들 수밖에 없었다. 개인이 자신의 필요에 의해 스스로 책을 필사하는 것이 일반적이었지만(그는 필사하는 동안 텍스트를 공부할 수 있었다), 재력이 있는 사람은 비용을 지불하고 글씨를 잘 쓰는 사람에게 부탁해서 아름답고 정교한 사본을 만들게 하였다. 유희춘은 이렇게 해서 상당히 많은 책을 소유할 수 있었다.

IV. 가장 중요한 지식, 『사서오경대전』과 『주자대전』

조선시대 책의 인쇄와 유통은 국가가 거의 독점하고 있었다. 국가 외에도 서원이나 사찰이 있었지만, 서원의 운영자는 국가권력을 쥐고 있는 사대부였기 때문에 서원의 인쇄, 출판은 국가의 인쇄, 출판과 다를 것이 없었다. 사찰은 물론 불경을 인쇄하였지만, 불교가 이미 영향력은 상실한 터라 큰 영향력을 갖는 것은 아니었다.

국가는 수많은 책을 인쇄하여 보급하였다. 하지만 가장 힘써 보급하고자 한 책은 제한되어 있었다. 그런 책으로 가장 먼저 꼽을 수 있는 것이『사서대전(四書大全)』,『오경대전(五經大全)』,『성리대전(性理大全)』이었다. '대전'들은 명나라 영락제(永樂帝) 때 편찬한 것으로, 유가(儒家) 경전에 대한 정통적 해석으로 공인되었다. 따라서 명대의 과거 문제는 모두『사서대전』에서 출제되었다. 명나라 황제 영락제는 조선 세종 때 두 차례에 걸쳐 '대전'을 하사했고, 세종은 경상도 충청도 전라도에 명령하여 즉각 '대전'을 인쇄하였다. '대전'은 조선조가 끝날 때까지 사서와 오경에 대한 해석을 독점하였고, 유일한 교과서가 되었다. 갑인자로 인쇄된 대전은 영조 때까지 여러 차례 인쇄되었다. 지금도 한문을 배울 때면 영조 말년에 인쇄된 대전본 사서로 배운다.

하지만 대전 시리즈 중 성리학에 대한 기본 개념을 담고 있는 책인『성리대전』은 쉽게 이해되지 않았다. 이 책은 성종 때 극히 일부가 경연의 텍스트가 되었지만, 연산군을 거쳐 중종조에 와서 다시 경연(經筵)의 텍스트로 채택하려고 하자 이해하는 사람이 없다는 말이 나올 정도로 제대로 이해되지 않았다. 즉 중종 때까지 성리학의 오의(奧義)는 제대로 이해되지 않았던 것이다.

성리학 이해의 수준을 높이기 위해 중종 때 와서 명나라에서 성리학 관계 서적을 대량 수입하기도 했지만, 여전히 문제가 있었다. 문제의 핵심은 주자(朱子)의 저술에 있었다.『사서대전』의 근간을 이루는『사서집주(四書集注)』에 대한 이해가 가능하려면『사서집주』가 탄생한 배경, 즉 주자의 저술을 알아야 할 것이었다. 그러나 주자의 문집 곧『주자대전』이 조선에서 간행된 것은 1543년이었다. 이황(李滉)은 이 책을 가지고 고향 퇴계(退溪)로 들어가서 골똘하게 파고든다. 이황이 조선 성리학의 상징적 존재가 된 것은 처음으로『주자대전』을 완독하고 이해했기 때문이었다. 그는『주자대전』에서 학문적으로 각별히 의미가 있는 것은 주자의 편지라 생각했고, 중요한 편지를 추려 『주자서절요(朱子書節要)』로 엮었다. 『주자서절요』를 지방관에게 부탁해서 목판을 제작하고 인쇄하였다. 아울러 그는 당시 주자학 이해에 절실하지만 거의 보급되어 있지 않았던 성리학 관계 서적 여럿을 인쇄, 출판하였다. 이것은 성리학 이해에 결정적인 계기가 되었다. 이후 『주자대전』과 주자의 어록집인 『주자어류(朱子語類)』를 읽고 재편집하면서 주자에 대한 연구가 심화되었다. 이것은 18세기까지 지속되었다. 그것은 말하자면 1543년 『주자대전』의 간행이 불러온 효과였던 것이다. 18세기 말이면 주자는 거의 완벽하게 이해되었다.

『사서대전』, 『오경대전』 그리고 『주자대전』은 사대부들의 세계관을 만들어내었다. 이 책은 가장 중요한, 모든 지식의 중심이었다. 여타의 모든 지식은 이로부터 파생된 것이었다. 개인도 사회도 국가도 이 책들의 영향력에서 자유로울 수 없었다.

V. 외부에서 들어온 충격,
　　북경에서 들어온 새로운 책들

조선은 국가가 인쇄와 출판을 독점했기 때문에 자신의 저작을 생전에 출판하는 경우는 거의 없었다. 아마 있다면 그것은 아주 드문 예외일 것이다. 민간의 출판업이 부재하는 상황 속에서, 출판을 통해 자신의 문학과 사상을 알린다는 것은 불가능하였다. 이것이 지식 생산에 일정한 제약을 가했다고 할 수 있다.

이렇기에 새로운 지식의 충격은 내부에서 일어난 것이 아니라, 주로 외부에서 가해진 것이었다. 그 외부란 곧 중국이었고, 북경이었다. 조선의 필요한 책이 있을 경우 북경에서 구입하였다.

때로는 예부에 글을 올려 정식 외교 통로를 통해 책을 구입했지만, 대부분은 1년에 몇 차례 파견되는 사신단이 개인적으로 구입해 오는 것이 대부분이었다. 사신단에 포함될 수 없는 사람은 사신단에 자신이 필요한 서적을 사올 것을 부탁하였다. 이런 사례는 광범위하게 발견된다. 예컨대 『미암일기(眉巖日記)』를 보면, 유희춘은 북경으로 가는 사신에게 자신이 필요한 서적을 사올 것을 부탁하고 사신이 돌아올 날을 초조히 기다리고 있다.

북경에서 사신단이 직접 서점가에 가서 책을 구입했던 것은 아닌 것으로 보인다. 사신단 중에서 책을 구입할 만한 경제력이 있는 사람은 정사, 부사, 서장관(書狀官) 등 세 사람이었다. 이들은 주로 예부(禮部)가 정해주는 사신의 숙소에서 머물렀다. 예부에서는 서반(序盤)이라는 하급관원을 파견해 조선 사신단의 자질구레한 일을 돕게 했는데, 이 서반이 사신단이 구입하는 서적과 서화 등의 판매를 전담하고 있었다. 물론 경우에 따라서는 사신단의 일행이 북경 시내의 서점가를 방문했을 가능성도 없지 않다. 하지만 무엇보다 사신단이 북경에서 서적을 구입하는 상황을 전하는 자료가 거의 남아 있지 않기에 무어라 말할 수는 없다.

임진왜란에 이어 병자호란이 일어났고, 조선은 명(明) 대신 청(淸)을 섬겨야만 하였다. 청은 중국 남부 지방의 반란(三藩의 亂)이 진압되어 체제가 안정될 때까지 조선을 불신했고, 따라서 조선 사신단이 북경에 도착하면 숙소에서 밖으로 나오지 못하게 하였다. 하지만 18세기 초반이면 특정한 임무 없이 오직 유관(遊觀)을 위해 사신단을 따라갔던 삼사의 자제나 친지(子弟軍官이란 이름으로 수행한다)들은 북경 시내를 돌아다닐 수 있었다. 이들이 서적을 구입해 왔던 것은 두 말 할 필요가 없다. 북경에서는 명대부터 유리창(琉璃廠)에 서적과 서화, 골동을 판매하는 상점가가 형성되었는데, 청대에 와서 체제가 안정되자 유리창 상점가

가 성장하기 시작했고, 이어 강남 일대의 고증학자들이 북경으로
올라가 사고전서관(四庫全書館)을 개설하여 『사고전서』를 편찬
하게 되자, 중국 전역에서 서적들이 북경으로 몰리게 되었다. 이
에 유리창의 서점가는 18세기 후반에 와서 폭발적으로 성장했던
것이다.

삼사(三使)는 숙소를 거의 벗어날 수 없었지만, 역관과 수행
원들은 유리창을 드나들며 서적을 구입하고, 중국의 지식인들을
사귈 수 있었다. 1765년 북경에 갔던 홍대용(洪大容)을 시작으로
하여 박제가(朴齊家)·이덕무(李德懋)·박지원(朴趾源)·홍양
호(洪良浩) 등 18세기 후반을 대표하는 조선의 지성들은 북경으
로 갔고, 유리창을 찾았다. 그리고 서적을 구입했다. 이로부터 북
경에서 막대한 양의 서적이 서울로 쏟아져 들어왔다.

이 책들의 주인은 경화세족(京華世族)이었다. 당시 조선은 당
쟁의 누적적(累積的) 결과로 양반은 서울의 경화세족과 지방의
향반(鄕班)으로 분리되어 있었다. 경화세족은 서울에 세거하면
서 사환(仕宦)의 가능성이 높은 가문을 말한다. 이들은 정치권력
과 경제력을 바탕으로 하여, 세련되고 사치스런 문화를 향유했던
바, 북경에서 사치품과 골동품, 서화, 그리고 막대한 서적을 구입
하였다. 이들은 곧 거대한 예술품 컬렉터이자, 장서가였다.

북경에서 공급된 서적들은 확실히 전과 달랐다. 사대기서(四
大奇書)를 비롯한 장편소설은 물론이거니와 가볍고 짧은 에세
이(小品文)는 경화세족이 선호하는 오락적 독서물이 되었다. 한
편 주자의 경전 해석을 고증학적 방법으로 비판하는 고염무(顧炎
武)·염약거(閻若璩)·모기령(毛奇齡)의 경학(經學), 그리고 양
명좌파의 사상에 기반한 공안파(公安派)의 문학비평이 대거 유
행하였다. 거기에 이제까지 전혀 경험할 수 없었던 서학(西學),
곧 천주교와 서양의 과학 서적과 지리서(地理書) 등이 범람하였

다. 이 새로운 서적들은 모두 국가이데올로기인 성리학의 진리 독점을 비판하는 것이었다. 위기를 감지한 정조(正祖)는 북경으로부터의 서적의 수입을 금지하고, 신하들의 독서와 창작을 검열하여 이단적 사유를 추방하고자 하였다. 이것이 곧 문체반정(文體反正)이다. 한편 그는 규장각(奎章閣)을 설립하고, 교서관을 거기에 소속시켜 순정(純正)한 성리학적 사유를 담은 서적들을 인쇄하여 보급하고자 하였다. 그의 의도는 부분적으로 성공했고, 또 부분적으로 실패하였다.

VI. 맺음말

조선시대의 책과 지식은 오직 사대부를 위한 것이었다. 현실적으로 금속활자를 제작하거나 목판을 새기는 것은 엄청난 비용을 요구하는 것이었다. 민중 대부분은 그렇게 만들어진 책을 구매할 능력이 없었다. 오직 사대부만이 책을 구입할 현실적 필요와 능력이 있었다.

민중들은 쉽게 책을 가질 수 없었다. 사실상 지식의 유통에서 배제된 것이다. 훈민정음은 비록 민중을 위해서 탄생한 것이지만, 그것이 민중을 위해서 활자로 혹은 목판으로 책을 인쇄하는 경우는 거의 없었다. 세종은 한글을 만들고 금속활자를 개량했지만, 그 둘을 결합시켜 민중을 위한 금속활자, 그리고 민중을 위한 한글책은 만들지 않았던 것이다. 민중은 18세기 끝머리의 방각본 소설 출판에 와서야 비로소 자신이 읽을 수 있는 책을 손에 넣을 수 있었던 것이다. 아니면 대부분 조잡한 필사본이었다.

조선은 지식인이 사회의 지배층이 된 희귀한 국가였다. 지식인, 곧 사대부들은 유학을 자기 지식과 교양의 원천으로 삼았다.

그리고 그것을 사회와 국가에 실현시켰다. 아마도 유교가 이렇게 완벽하게 적용된 사회와 국가는 세계에서 흔치 않을 것이다. 일본과 베트남은 물론 유교의 본고장인 중국도 조선처럼 유교화 하지는 않았다. 그 이유는 여럿일 것이다. 다만 서적의 출판과 유통, 그리고 그에 따르는 지식의 생산과 유통을 오직 사대부와 그들이 만든 국가가 독점했던 것도 중요한 이유가 될 터이다.

역사를 만든 혁신의 아이콘

인상주의와 후기 인상주의

- 빛과 색채의 혁명 -

송혜영 영남대학교 미술학부 교수

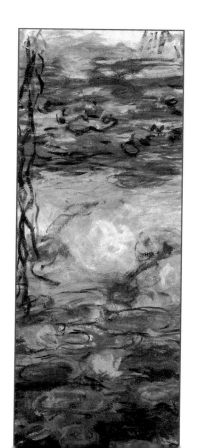

▲ 클로드 오스카 모네, 「수련」, 캔버스에 유채, 150×197cm, 1916~1919년, 마르모탕 미술관

인상주의와 후기 인상주의
-빛과 색채의 혁명-

I. 인상주의

　　보수적인 아카데미즘에 반대했던 파리의 젊은 화가들은 1874
년 사진작가인 나다르의 스튜디오에서 전시회를 개최하였다. 당
시 출품되었던 클로드 모네의 그림인 〈인상〉(1873)은 신문기자
루이 르로이(Louis Leroy)에 의해 심한 비난과 공격을 받았으며,
여기에서 인상주의라는 양식용어는 유래한다.
　　19세기 후반의 발달된 교통과 미술도구의 덕택으로 인상주의
화가들은 작업실에서 벗어나 야외로 나가 그림을 그렸으며, 공원
과 강변, 파리의 번화가를 산책하는 사람들의 모습을 그렸다. 그
리고 나폴레옹 3세(1852~1870 재위)는 오스만 남작과 함께 파
리의 중심부를 재건하면서 오페라 극장과 연극 공연장, 공원과
노상카페가 줄지어 있는 넓은 대로를 건설했으며, 파리의 현대적
인 모습은 인상주의 그림들의 중요한 모티프가 되었다.
　　이처럼 인상주의자들이 다룬 일상적인 삶은 역사나 신화, 전
설처럼 해석을 요구하는 회화의 전통적인 주제에서 벗어나고 있
으며, 기존의 회화기법, 예컨대 사물의 고유색과 갈색조의 명암
법에서 벗어나 빛에 따라 수시로 변화하는 순간의 색채를 포착하
고자 했으며, 이를 위해 인상주의자들은 자유롭고 신속한 붓 터
치를 사용했다.

인상주의 대표 화가로는 카미유 피사로, 클로드 모네, 에드가 드가, 피에르 오귀스트 르누아르, 툴루즈 로트렉, 베르트 모리조 등이 해당되는데, 여기서는 모네와 르누아르, 드가를 중심으로 살펴보고자 한다.

1. 클로드 모네(Claudt Monet, 1840~1926)

인상주의를 대표하는 모네는 빛과 색채에 가장 큰 관심을 가졌다. 그는 작은 배 위에 작업실을 만들고 하루 종일 수면에 반사되는 태양광선과 구름의 변화를 관찰했으며, 시간과 날씨, 계절에 따른 빛과 색의 변화를 화폭에 담았다. 초기의 모네는 마네의 〈풀밭위의 식사〉(1864)에서 모티프를 얻어 〈정원의 여인들〉(1866)을 그렸으며, 여기서는 빛과 그림자의 대비, 여인들의 흰색 의상에 반사된 빛의 변화가 섬세하게 묘사되고 있다. 1870년대의 모네는 아르장퇴유의 강변과 에트르타 암벽 같은 특정 지역이나 소재에 몰두하였다.

모네는 1883년 파리 외곽에 위치한 지베르니(Giverny)로 이사를 했으며, 이후 인상파 화가들과 멀어져 독자적인 길을 걸었다. 가난했던 모네는 지베르니에 정착한지 7년 만에 자신의 집을 마련하였고, 이 집은 현재 '클로드 모네 미술관'이 되어 관람객을 맞이하고 있다. 지베르니에서 모네는 다양한 연작을 완성했는데, 건초더미 연작은 1890년 늦여름부터 1891년 봄까지 25점, 1894년에는 5점이 완성되었다. 이 연작을 위해 그는 아침, 점심, 저녁의 서로 다른 시간에, 그리고 정면과 측면, 위에서 빛의 방향이 변할 때 마다 이리저리 옮겨 다니며 그렸다. 1891년 3월 〈건초더미〉 연작 15점은 뒤랑-뤼엘 화랑(Durand-Ruel's gallery)에서 소개되었고, 이 전시는 큰 성공을 거두었다. 그 후에 완성된 1890년대의

〈포플러〉 연작 20여 점과 〈루앙 대성당〉(1892~1893) 연작 30
여 점 역시 하나의 물체가 빛의 변화에 따라 얼마나 다양하게 보
이는지를 잘 입증해준다. 이처럼 사물의 가시적 인상에 몰두했던
모네 작품에서는 형태의 윤곽선과 양감 대신에 사물에 반사된 빛
의 현상인 색채가 중요시된다.

특히 그의 말년 연작인 수련은 초기와 중기, 말기로 구분해 살
펴볼 수 있다. 초기의 〈수련〉(1899~1900)에서는 일본식 다리를
중심으로 한 수평적 구도 안에서 온갖 화려한 색상이 펼쳐지고,
중기의 〈수련〉(1903~1908)은 나무와 구름, 하늘의 풍요로운 색
채가 반사된 수면을 집중적으로 보여준다. 그런데 하루 종일 빛
을 보며 작업했던 모네의 시력은 점차 악화되었고, 말년에는 백
내장으로 거의 시력을 잃게 되었다.

이런 역경 속에서 제작된 말기의 수련(1914~1926)은 현재 튈
르리의 오랑주리 미술관에 설치되어 있다. 물과 빛이 일렁이는
거대한 캔버스 위로는 수련과 풀잎, 나무와 버드나무 가지, 구름
과 노을의 다양한 색채들이 각자의 소리를 내는 동시에 조화롭게
어우러지고 있다. 파노라마처럼 펼쳐지는 거대한 규모의 이 연작
은 장식적인 벽화의 특성을 보여주며, 공간성이 사라진 수면위로
펼쳐지는 찬란한 색채의 흐름은 20세기 추상미술을 예견한다. 이
타원형의 전시실에는 모네가 원했던 대로 높은 천장에서 쏟아지
는 빛이 가득하고, 이를 바라보는 관객들은 정원을 걷는 느낌을
받게 된다.

2. 피에르 오귀스트 르누아르
(Pierre Auguste Renoir, 1841~1919)

르누아르는 인생의 즐겁고 명랑한 측면을 밝고 화려한 색채로

그려나갔다. 초기의 르누아르는 모네와 시슬리, 피사로와 같은 인상주의 화가들과 어울렸으며, 첫 번째 인상주의 전시회에 출품한 〈관람석〉(1874)은 그 당시 큰 비난을 받았다. 왜냐하면 흰색과 검은색이 지배하는 화면 안에서 두 남녀의 의상과 장신구, 부채와 팔찌 등은 윤곽선이 무시된 채 허술한 붓 터치로 불분명하게 묘사되고 있기 때문이다.

르누아르는 "그림은 아름답고 사랑스럽고 즐거움을 주어야 한다"고 말했으며, 이는 평소 그가 즐겨 그렸던 한가롭게 여유를 즐기는 젊은 연인들의 모습에서 발견된다. 파리 중산층의 여유로운 삶을 주제로 한 〈물랭 드 라 갈레트〉(1876)는 인상주의의 대표작으로 손꼽힌다. 나뭇잎들 사이로 스며드는 빛, 빛을 받고 있는 젊은 남녀들, 그들의 얼굴과 의상에 반사된 빛의 표현은 모네와 마찬가지로 빛과 색에 몰두한 르누아르의 관심을 확인시켜 준다. 이처럼 1870년대의 르누아르 그림에서는 빛을 한 가득 받고 있는 파리 도시인들의 모습이 밝고 화려한 색채로 묘사되고 있다.

르누아르는 1881년 이탈리아를 여행했으며, 라파엘로의 작품에 경탄하면서 다시 인체의 윤곽선과 볼륨을 강조하는 고전주의 성향으로 돌아간다. 말년의 르누아르는 여성의 누드에 몰두했으며, 이는 "신이 여성을 창조하지 않았다면 내가 화가가 되었을지 잘 모르겠다"는 그의 말에서도 확인된다. 르누아르 특유의 섬세하고 화사한 색채는 젊은 여인들의 아름답고 풍만한 모습을 잘 표현하고 있다. 젊은 날의 르누아르는 비록 물감 살 돈을 걱정할 정도로 궁핍하게 살았지만 인생의 아름다움과 즐거움을 담아내기 위해 모든 열정을 바쳤다. 그 결과 대가의 반열에 오른 르누아르는 풍요로운 삶을 누릴 수 있었다.

3. 에드가 드가(Edgar Degas, 1834~1917)

에드가 드가는 인상주의 창시자 중의 한 사람으로 간주된다. 그러나 야외에서 작업하며 빛과 색채에 몰두한 인상주의자들과 달리 드가는 주로 실내의 인물들을 그렸다. 초기의 드가는 초상화를 많이 그렸으며, 점차 파리 시민들이 즐겨 찾았던 극장의 무용수와 오케스트라를 화폭에 담았다. 드가의 〈오케스트라〉(1870)를 보면, 음악과 무용에 관심이 많았던 그의 삶을 엿볼 수 있다. 전경에는 평소 친분이 있었던 바순 연주자인 데지레디오를 중심으로 오케스트라의 연주자들이 등장하고, 후경에는 발레를 하는 소녀들의 모습이 보이는데, 흥미롭게도 소녀들의 얼굴은 캔버스 상단에서 잘리고 있다.

이처럼 드가 그림의 특징은 독특한 구도에서 발견된다. 다시 말해, 그의 수많은 발레그림에서 소녀들의 인체는 한쪽으로 치우쳐 있거나 그 일부가 과감히 절단되고 있다. 그 결과 발레리나의 움직이는 모습은 마치 초점을 맞추지 않은 우연한 스냅사진처럼 보이는데, 이는 사진기의 영향을 말해준다. 뿐만 아니라 그는 과감한 단축법과 비스듬한 대각선 구도를 즐겨 사용했는데, 이런 특성은 일본의 채색목판화인 우키요에를 떠오르게 한다. 실제로 드가는 우키요에 작품의 특이한 각도에서 영감을 얻어 이런 구도를 적용하였다. 드가의 그림들은 한 장의 사진처럼 다양한 삶의 찰나적인 순간을 생동감 있게 표현하고 있으며, 이를 위해 전통적인 구도와 형식에서 과감히 벗어난 그의 새로운 시도는 20세기 현대미술의 실험정신과 일맥상통한다.

II. 후기 인상주의

'후기 인상주의'는 1910년 영국의 비평가인 로저 프라이(Roger Fry)가 런던에서 기획했던 '마네와 후기 인상주의 화가들'이라는 전시회 명칭에서 유래한다. 후기 인상주의 화가들은 1880~1905년 사이에 프랑스를 중심으로 활동했으며, 이들은 인상주의에서 출발했지만 그 영향에서 벗어나 각자 독자적인 양식을 발전시켜 나갔으며, 무엇보다 20세기 초 현대미술의 성립에 결정적인 역할을 했다. 후기 인상주의의 대표적인 화가로는 폴 세잔과 폴 고갱, 빈센트 반 고흐 등이 해당되는데, 여기서는 고갱과 고흐의 생애와 관련해 그들의 작품세계를 살펴보고자 한다.

1. 폴 고갱(Paul Gauguin, 1848~1903)

고갱은 2월 혁명이 일어난 1848년 파리에서 출생했다. 그리고 태어난 지 얼마 지나지 않아 그의 가족은 페루로 떠났는데, 급진적 자유주의자인 그의 부친이 정치적 망명을 택했기 때문이다. 하지만 부친은 배안에서 숨을 거두었고, 고갱은 7살까지 페루의 리마에서 모친과 누나와 함께 어린 시절을 보냈다. 1853년 프랑스로 돌아온 고갱은 오를레앙의 삼촌 집에서 학교를 다녔다. 그리고 17세에 선원이 되기로 결심한 그는 남아메리카와 인도 등을 항해하였다. 1872년에는 직업을 바꾸어 은행에 취직을 했고, 1873년에는 덴마크 여인인 메트 소피(Mette-Sophie Gad)와 결혼을 했으며, 그녀와의 사이에서 5명의 자녀가 태어났다.

증권에 투자하면서 중산층의 여유로운 삶을 누리게 된 고갱은 자유 시간을 활용해 개인적으로 미술수업을 받았다. 1879년에는 인상주의 그룹전에 참여했으며, 피사로와 마네, 르누아르와 드가 등을 사귀었다. 1882년 주가폭락으로 인해 실직자가 된 고갱은 부인의 반대에도 불구하고 미술가로서의 삶을 택했다. 1884년 경제적인 어려움으로 인해 고갱의 부인과 아이들은 코펜하겐으로 이주했으며, 고갱은 결국 가족을 떠나 미술가로서의 방랑하는 삶을 시작하게 된다.

1) 파리-퐁타벤-아를르 시기(1886~1890)

피사로의 영향아래 초기의 고갱은 빠른 붓 터치와 원색을 사용해 주로 풍경화를 그렸다. 그러나 1888년 프랑스의 북서부에 위치한 브르타뉴 지방의 퐁 타벤에 머물며 그는 파리의 인상주의 화풍에서 벗어나 새로운 변화를 시도하게 된다. 무엇보다 에밀 베르나르의 영향 아래 고갱은 부드러운 윤곽선과 평탄한 색면으로 형태를 단순화시키고 있으며, "미술은 추상이니 자연에 너무 매달리지 말라. 자연 앞에서 명상을 하고 자연에서 예술을 이끌어내라"는 말과 함께 주관적인 색채를 사용하기 시작했다. 예컨대 〈천사와 야곱의 싸움〉(1888)에서 배경의 붉은 색은 현실에서 벗어나 기도하는 브르타뉴 여인들의 상상의 세계를 의미한다. 1888년 가을에는 아를르에 있는 고흐의 작업실에서 공동생활을 꿈꾸며 그림을 그리고자 했지만, 결국 두 달 만에 고흐의 곁을 떠났다.

2) 타히티 시기(1891~1893)

1891년 4월 고갱은 도시문명에서 벗어나 단순하고 근원적인 삶을 찾아 타히티 섬으로 떠났다. 하지만 타히티에 도착한 고갱은 실망했는데, 그곳은 이미 유럽인들의 선교를 통해 상당부분 서구화되어 있었기 때문이다. 그러므로 고갱은 현실의 타히티가 아니라 그가 꿈꾸었던 화려한 이국의 세계를 그렸으며, 그의 타히티 그림에서는 대부분 원색의 옷을 입고 한가롭게 앉아있는 여인들과 화려한 식물이 중요한 모티프를 이룬다. 타히티 섬에서 고갱은 14살 소녀 테후라와 함께 살았으며, 그녀를 모델로 여러 개의 그림을 그렸다. 그러나 1892년 고갱의 건강은 좋지 않았으며, 파리에서 가져온 돈도 바닥이 났다.

3) 파리-브르타뉴 시기(1893~1895)

1893년 고갱은 66점의 타히티 그림들을 갖고 파리로 돌아 왔다. 그리곤 성공을 꿈꾸며 개인전을 열었지만, 한 점의 그림도 팔지 못했다. 1894년에는 삼촌이 물려준 유산 덕분에 작업실을 마련하고 자바 섬의 혼혈아인 안나와 동거를 했다. 하지만 그녀는 거의 모든 짐을 훔치고 도망을 갔으며, 1894년 말 고갱은 다시 타히티로 돌아갈 결심을 하게 된다.

4) 타히티 시기(1895~1900)

1895년 9월 타히티 섬으로 돌아온 고갱은 파피에테 해안에 오두막을 짓고 14살의 파우라(Pau´ura)와 동거를 했다. 그녀는 1896년 말 고갱의 딸을 낳았지만, 아기는 곧 죽었고, 1899년 부모에게 돌아간 파우라는 고갱의 아들 에밀(Emile)을 낳았다. 이 시기의 고갱은 병과 가난, 우울증과 폭음에 시달렸으며, 그런 와중에도 작품제작에 몰두했다. 1897년 건강이 악화된 고갱은 온 힘을 다해 4주 동안 〈우리는 어디에서 왔고, 우리는 누구이며, 우리는 어디로 가는가?〉라는 제목의 대작(139×375cm)을 완성하였다. 여기서는 타히티의 풍경을 배경으로 정면과 측면의 인물들이 등장하는 가운데 유년기와 성숙기, 노년기로 이어지는 인생에 대한 의미가 담겨 있다. 1900년경 파리화단에는 점차 고갱의 이름이 알려지기 시작했다.

5) 마르케사스 시기(1901~1903)

타히티의 삶에 만족하지 못한 고갱은 1901년 가을 여전히 원시적인 요소를 간직한 마르케사스 군도의 히바 오아(Hiva Hoa) 섬으로 옮겼다. 그곳에서 그는 또 다시 14살의 마리 로제(Marie-Rose)와 함께 살았으며, 그녀는 고갱과 헤어진 후 1902년 고갱의 딸을 낳았다. 그러나 이 섬에서도 고갱의 삶은 쉽지 않았고, 그는 매독과 우울증, 심한 재정난에 시달리며 모르핀을 맞았다. 특히 교회와 갈등을 겪으며 명예훼손죄로 3년의 징역형과 높은 벌금을 물어야 했는데, 그 전에 1903년 5월 54세의 나이로 숨을 거두었다.

6) 미술사적 의미

고갱은 가시적인 현실의 세계를 넘어선 내면의 느낌과 생각을 표현하고자 했으며, 그의 인물들은 관람자의 상상을 유도하는 명상적인 분위기 속에 정적인 자세를 취하고 있다. 고갱은 부드러운 윤곽선과 평탄한 색면으로 대상을 단순화시키고 있으며, 특히 주관적인 색채를 사용했다는 점에서 그 의미가 크다. 고갱이 죽은 지 몇 달이 지나자 그의 죽음은 파리화단에 알려졌으며, 젊은 화가들은 그의 그림에 주목하기 시작했다. 고갱은 프랑스 상징주의 그룹인 나비파, 야수파의 대가들인 마티스와 앙드레 드랭, 독일의 다리파와 청기사그룹의 작가들에게 커다란 영향을 주었다.

2. 빈센트 반 고흐(Vincent van Gogh, 1853~1890)

고흐는 1853년 네덜란드 남부의 한 마을에서 개신교 목사의 아들로 태어났다. 1868년 중학교를 중퇴한 고흐는 헤이그에 있는 삼촌의 구필화랑에서 견습 사원으로 일했으며, 이를 계기로 다양한 미술작품을 접하게 되었다. 1873년 여름에는 구필화랑의 런던 지점으로 발령을 받았고, 1876년에는 파리 지점으로 일자리를 옮겼지만, 그 해 4월 고객들과의 불화로 해고되었다. 1877년에는 암스테르담의 신학대학에서 공부를 시작했지만, 다음 해에 학업을 포기했다. 1878년에는 벨기에의 탄광지역인 보리나주에서 평신도 설교자로 활동했지만 6개월 후에 또 다시 해고통지를 받았다.

1880년 가을 27세의 고흐는 결국 화가가 되기로 결심을 했으며, 개인적으로 미술수업을 받았다. 1881년 여름에는 사촌 여동생인 케 보스(Kee Voss)에게 사랑을 고백하지만 거절당했다. 그리고 매춘부인 신 호르닉(Sien Hoornik)과 함께 살았지만, 가족의 반대로 두 사람은 1883년 가을 헤어졌다. 1886년 파리로 이주하면서 고흐는 본격적으로 그림을 그리기 시작했으며, 그는 생애 마지막 10년 동안 860여 점의 유화와 1000점 이상의 드로잉을 남겼다.

1) 네덜란드 시기(1880~1886)

초기의 고흐는 렘브란트와 프란츠 할스의 영향 아래 주로 갈색과 회색, 검은 색조의 그림들을 그렸으며, 빠르고 거친 붓 터치를 사용하였다. 특히 농촌화가인 프랑수아 밀레의 그림을 좋아했던 고흐는 가난한 시골사람들의 소박한 모습을 즐겨 그렸으며, 〈감자를 먹는 사람들〉(1885)이 대표적인 예에 해당한다.

2) 파리 시기(1886년 2월~1888년 2월)

1886년 2월 서른 세 살의 고흐는 남동생 테오가 일하는 파리로 이사를 하였고, 이를 계기로 그의 그림은 기존의 어두운 색조에서 벗어나게 된다. 그는 인상주의의 밝고 순수한 색채, 신인상주의의 점묘법, 일본판화의 다양한 모티프들을 수용했으며, 이 영향들은 〈페르 탕기의 초상〉(1887)에 그대로 반영되고 있다.

3) 아를르 시기(1888년 2월~1889년 5월)

1888년 2월 파리의 도시생활에 지친 고흐는 생활비가 저렴하고 빛이 풍요로운 프랑스의 동남부 도시 아를르로 이사했다. 여기서 그는 16개월 동안 아를르 사람들과 카페, 침실과 의자, 해바라기 등을 소재로 한 200여 점의 유화와 스케치를 완성했다. 1888년 10월 다섯 살 연상의 고갱은 아를르의 고흐를 찾아 왔다. 두 사람은 함께 작품에 몰두하는 공동생활을 꿈꾸었지만, 워낙 개성이 강한 두 사람의 관계는 점차 어려워졌고, 고갱은 두 달 만에 고흐의 곁을 떠났다. 그러자 고흐는 첫 번째 정신발작을 일으키며 자신의 귀를 잘랐다.

4) 생-레미 시기(1889년 5월~1890년 5월)

고흐는 1889년 5월 아를르에서 멀지 않은 생 레미의 정신병원에 입원했으며, 1년 동안 150여 점의 작품을 완성했다. 그는 병실의 창문을 통해 바라본 정원을 많이 그렸으며, 물감을 삼키는 발작 증세를 일으킨 후에는 방안에서 여러 점의 초상화만 그렸다. 이 시기의 대표작인 〈별이 빛나는 밤〉(1889)에서는 소용돌이치는 점과 색선들이 화면을 가득 메우고 있으며, 이는 한계를 넘어선 고흐의 내면세계를 그대로 표출하고 있다.

5) 오베르-쉬즈-오아즈 시기(1890년 5월~1890년 7월)

1890년 5월 고흐는 정신과 의사인 가세박사의 치료를 받기 위해 파리 근처의 북부도시인 오베르에 머물렀다. 70일 동안 그는 80점의 유화와 60점의 드로잉을 남겼으며, 오베르의 넓은 평야와 마을의 집들을 그렸다. 그러나 7월 27일 그는 권총자살을 시도하였고, 이틀 후인 29일 세상을 떠났다. 동생 테오는 그 해 10월 정신질환을 겪었으며, 다음 해 1월 25일 형의 뒤를 따라 저 세상으로 갔다. 〈밀밭 위의 까마귀〉(1889)는 고흐가 생애 마지막으로 그렸던 그림으로 유명하다. 여기서 지평선에 도달하지 못한 밀밭 위의 길들은 삶을 포기한 고흐의 좌절감을 엿보게 한다. 그리고 노란색과 파란색, 빨간색과 초록색, 검은색과 흰색은 마지막 순간까지 세 쌍을 선택한 색채화가로서의 고흐의 능력을 확인시켜 준다.

6) 미술사적 의미

고흐에게 미술은 그의 삶 자체였다. 그는 열정을 가지고 인간과 사물을 바라보았으며, 이런 내적인 느낌을 색채로 구사하였다. 그는 대상의 고유색에서 벗어난 초록색 하늘, 분홍색 구름, 청색 거리를 그렸으며, 붉은색과 초록색으로 인간의 정열을, 노란색과 파란색으론 남녀의 사랑을 표현하고자 했다. 고흐의 그림에는 순수하고 강렬한 보색들이 등장하지만, 보색들은 대립적인 관계에서 벗어나 중간색조로 자연스럽게 연결된다. 말기의 고흐는 격렬한 임파토스 기법으로 자신의 열정적인 감정을 표출했으며, 두터운 물감을 그대로 캔버스에 발랐다. 고흐의 그림들은 프랑스의 야수파 뿐 아니라 독일의 다리파와 청기사 그룹의 화가들에게 큰 영향을 미쳤다.

:: 참고문헌 ::

제임스 루빈 지음, *Impressionism*, 김석희 역, 『인상주의』, 한길아트, 2001.

시모나 바르톨레나 지음, *Impressionism*, 강성인 역, 『인상주의 화가의 삶과 그림』, 마로니에북스, 2002.

가브리엘레 크레팔디 지음, *Impressionism*, 하지은 역, 『영원한 빛: 움직이는 색채』, 마로니에북스, 2009.

가브리엘레 크레팔디 지음, *L'Ottocento*, 하지은 역, 『낭만과 인상주의: 경계를 넘어 빛을 발하다』, 마로니에북스, 2010.

다이애나 뉴월 지음, *The Impressionists*, 엄미정 역, 『인상주의』, 시공아트, 2014.

빌린다 톰슨 지음, *Post-Impressionism*, 신방흔 역, 『후기인상주의』, 열화당, 2003.

존 리월드, *History of Post-Impressionism: From van Gogh to Gauguin*, 정진국 역, 『후기인상주의의 역사: 반 고흐에서 고갱까지』, 까치글방, 2006.

폴 고갱, *Paul Gauguin*, 박찬규 역, 『폴 고갱』, 예담, 2000.

인고 발터, *Paul Gauguin*, 김주원 역, 『폴 고갱』, 마로니에북스, 2007.

어빙 스톤, *LUST FOR LIFE*, 최승자 역, 『빈센트, 빈센트, 빈센트 반 고흐』, 청미래, 2007.

인고 발터, *Vincent Van Gogh*, 유치정 역, 『빈센트 반 고흐』, 마로니에북스, 2005.

브래들리 콜린스, *VAN GOGH VS PAUL GAUGUIN*, 이은희 역, 『반 고흐 vs 폴 고갱』, 다빈치, 2005.

역사를 만든 혁신의 아이콘

샤넬
– 영혼의 정거장에 서다 –

김홍기 패션 큐레이터

샤넬
-영혼의 정거장에 서다-

I. 그녀를 기억하는 것은

디자이너는 시대의 딱딱하게 굳어버린 기호들을 날카롭게 버리는 존재다. 즉 상식처럼 통용되는 기호(Sign)의 옷을 벗겨서(De) 새로운 의미를 구워내는 존재다. 의미를 잉태하는 자궁이 되는 것이다. 패션 디자이너가 한 벌의 옷을 만드는 과정은 문학에서 시인이 한 줄의 시구를 쓰는 것과 다르지 않다. 시인이 쓴 한 줄의 행(Line)과 컬렉션을 구성하는 수많은 미세한 특성(Line)과 맞물리는 이유다. 의미의 창조과정에 반드시 수반되어야 하는 것이 장소다. 문필가의 서재, 디자이너의 작업실 등 인간은 자신을 둘러싼 환경 속에서 역동적으로 상호작용을 하면서 의미를 만들어낸다. 캐나다의 중국계 인문지리학자 이푸 투안은 '토포필리아'라는 말을 만들어 학계에 큰 관심을 일으켰다. 토포필리아는 희랍어로 장소를 뜻하는 '토포(Topo)'와 사랑을 의미하는 '필리아(Philia)'를 합쳐서 만든 조어로 '장소애(場所愛)'라고 번역할 수 있다. 한마디로 자연환경과 인간존재를 이어주는 정서적 관계를 나타낸 이론이다. 토포필리아는 이번 컬쳐 샤넬 전의 핵심을 이해하기 위한 필수적인 개념이다. 우리 앞에 놓여있거나, 스쳐가는 공간(Space)은 무수히 많다. 하지만 한 개인의 감정이 묶여서 사유가 머무는 장소(Place)가 되는 공간은 많지 않다. 공간은 중립적인 개념이다. 하지만 이 공간이 사적인 장소로 변하는 순간과 계기가 있다. 인간이 환경 속에서 기존의 사고방식을 넘어 환경에 대한 정서적 유대를 만들게 되는 것이다. 정서적 유대가 한 인간의 내적 성찰과 만날 때 디자인을 위한 영감이 촉발된다. 샤넬의 상상력과 실험적인 패션 언어는 개인의 내적 창조물이지만 창조의 과정에 동참하며 과정을 함께 만들어낸 장소에 대한 이해가 뒤따를 때 창조물의 민낯을 읽어볼 수 있다는 점에서 의미가 있는 것이다. 소뮈르, 오바진, 물랭, 파리, 도빌, 베니스, 비아리츠, 이튼 홀, 할리우드, 뉴욕, 스위스, 깡봉가 31번지 등 각각의 장소가 말해주는 것은, 장소와 연결된 한 개인의 역사를 넘어, 장소와 장소를 넘어가는 유동적인 삶 속에서 디자이너가 세상을 마주 대하며 지각하고 취하게 되는 '태도'들이다. 이러한 태도는 곧 삶의 행동양식을 빚어낸다. 우리에겐 너무나 익숙한 라이프스타일이란 단어 말이다. 샤넬의 〈장소의 정신〉 전시에서 샤넬의 여정을 되짚어가며 복기하는 과정은 샤넬이란 디자이너가 창조한 스타일 어휘들의 원천을 거슬러 올라가는 일이다. 이번 전시기획을 맡은 큐레이터 장 루이 프로망은 샤넬의 여정을 10개의 정거장에 비유했다. 마치 열 장으로 하는 카드 게임처럼 패를 열 때마다 인생의 우연이 꿈처럼 펼쳐지고 카드를 다 이어놓으면 인생 전체가 보이도록 전시를 설계했다. 그녀를 뿌리깊은 농민의 삶에 뿌리를 둔 유목민으로 만든 소뮈르, 어부들의 작업복을 통해 저지 소재의 스트라이프 셔츠를 만들게 해준 해안도시 도빌, 지금도 샤넬의 시그너처로 사용되는 비잔틴 양식의 영감을 배우게 해준 베니스의 산 마르코 대성당, 리조트룩의 주요한 문법을 배우게 해준 비아리츠와 리비에라 해변 등 이외에도 그녀의 여정을 연결하는 10개의 정거장을 꼼꼼히 복기해내기란 불가능하다. 중요한 것은 각 정거장을 연결해 그녀의 삶과 영감을 읽고 현재까지 지속되는 샤넬 하우스의 헤리티지를 이해하는 것이 필요하다. 빗방울의 정거장이 거대한 바다이듯, 그녀의 정거장 끝에서 만나게 될 영감의 바다는 무엇일까? 그녀의 삶을 결정한 5개의 정거장에 대한 이야기다.

II. 샤넬의 정거장 1-오바진 수도원

1895년 어머니가 결핵으로 세상을 떠난 후 아버지는 그녀를 오바진 수녀원에 맡긴다. 버려졌다는 느낌, 트라우마는 평생 샤넬을 따라다녔다. 이곳에서 수녀들에게 바느질을 배웠다. 무엇보다 오바진 수녀원은 그녀의 디자인 문법, 특히 색감의 선정과 옷의 디테일을 결정하는 장식 취향에 결정적인 영향을 미쳤다. '외면상의 아름다움을 창조하는 일'이란 뜻의 장식(Decoration)에서 적절함과 올바름이란 뜻의 데코럼(Decorum)이 나왔다. 품위 있는(Decent)이란 뜻도 같은 계열에서 나온 말이다. 그녀는 유년시절을 보낸 오바진에서 자신이 믿는 패션의 '올바른 방향성'을 체득하게 된다. 그 방향성은 절제와 단순미, 품위다. 개인의 열정과 공동체 사회의 소박함, 그 위에서 두 요소를 조율하는 종교적 감성이 결합된 오바진에서의 삶은 그녀의 초기 미감 형성에 주춧돌이 된다. 수녀원의 12세기 스테인드글라스에서 향후 자신의 시그너처 모노그램이 된 더블 C를 발견하게 되었다. 수녀복의 근간을 이루는 색상체계, 블랙과 화이트는 샤넬의 상징이 된 리틀블랙드레스와 배색 트위드 투피스에 사용된다. 수녀들의 묵주는 이후 샤넬의 커스텀 주얼리의 대표주자인 긴 진주목걸이로 변모한다. 끝부분이 확대되는 형태로 된 몰타 십자가는 8개의 꼭짓점을 갖고 있는데 인간의 부활과 성서의 8복을 의미하는데, 이 십자가는 이후 샤넬의 보석 컬렉션에서 다양한 보석을 세팅한 황금 브로치로 되살아난다.

Ⅲ. 샤넬의 정거장 2-런던의 이튼홀

1920년대 가브리엘 샤넬은 영국 최고의 부호인 웨스트민스터 공작과 연인 사이가 된다. 이튼홀은 공작의 대저택이었다. 널브러진 장원에서 펼쳐지는 사냥과 승마, 수상활동을 비롯한 아웃도어 활동을 체험한 것은 단순미와 절제를 신봉하는 샤넬에겐 최고의 배움의 기회였다. 야외활동에 편안한 옷을 만들기 위해 기존 남성복의 요소들을 더욱 꼼꼼하게 차용하게 된 것이다. 공작이 입었던 트위드 재킷과 캐시미어 카디건에서 아이디어를 얻은 작품으로 컬렉션을 만들었다. 웨스트민스터 공작의 요트 플라잉 클라우드 호의 선원들이 착용하는 베레모와 긴 바지, 이튼홀의 집사들이 입은 작업복에서 영감을 얻어 샤넬은 여성의 복식을 더욱 간편하고 운동감 있는 실루엣으로 변모시킨다. 1924년부터 스포츠웨어 세트, 투피스, 외투 등 변형된 형태로 고객들에게 선보인 트위드는 테두리 전체에 브레이드 장식을 첨가, 1950년대 여성해방을 상징하는 슈트로 재탄생한다. 특히 영국과의 인연은 영국에서 출발, 칼레와 파리를 거쳐 당대 상류사회의 여성들이 모이던 리조트가 있던 리비에라에 도착하는 블루 트레인에 샤넬의 몸을 맡기게 된다. 이 기차를 즐겨 타는 유한 부자들이 노니는 해변을 배경으로 한 1924년 발레극 〈블루트레인〉의 의상을 맡으면서 그녀는 여성들을 위한 스포츠웨어, 운동복에 착안한 무대의상을 선보인다. 샤넬의 두 번째 정거장은 바로 영국과 리비에라, 파리를 연결하는 이 블루트레인이다. 리비에라 해안을 벗삼아 당대의 상류사회 여성들의 넉넉한 라이프스타일과 이에 상응하는 디자인의 의상들을 개발하게 된 계기가 된다.

Ⅳ. 샤넬의 정거장 3-베니스의 추억

샤넬 컬렉션에 자주 나타나는 날개달린 황금사자를 보자. 이는 베네치아의 수호성인 성 마르코를 상징하는 동물이다. 샤넬의 2010~2011년 가을/겨울 컬렉션에선 길이 40피트, 무게 8톤의 거대한 황금사자상이 얼음으로 만든 원형의 무대 중앙을 차지했다. 발톱으로 진주를 쥔 사자상 아래로 걸어가는 모델들의 모습은 자체로 장관이었다. 2012년에는 1932년에 시작된 샤넬 보석 라인 80주년을 맞아 사자자리 컬렉션(Sous les Signe de Lion)을 선보였다. 사자 형상을 본뜬 58개의 보석제품들이 눈길을 끌었다. 샤넬과 황금사자는 어떤 연결고리를 통해 묶여있는 것일까? 사자자리 태생인 샤넬은 1920년 베네치아로 여행을 떠난다. 당시 연인이었던 보이 카펠을 자동차 사고로 잃고 상심하고 있던 그녀는 폴란드 출생의 피아니스트이자 파리 사교계의 명사인 친구 미샤 서트(Micia Sert)와 함께 베네치아로 간다. 그녀는 석호의 아련한 물빛을 보며 슬픔을 삼켰다. 이곳에서 그녀는 금빛 타일로 장식한 성당의 돔과 바실리카 양식의 산 마르코 대성당의 금빛 재단을 보고 눈을 뗄 수 없었다. 물의 공화국 베네치아의 모든 건물 외벽과 중앙을 장식한 황금사자상도 마찬가지. 노란가죽과 사나운 갈기를 가진 사자는 성스러운 신전을 수호하는 존재로서 신전 문기둥의 조각으로 사용된다. 수호 사자의 머리를 이무깃돌(성문 위의 빗물이 흘러내리도록 구유처럼 홈을 내 성벽에 끼운 돌)로 써서 건물을 장식하는데 우물에서 길어온 신전의 물은 도관을 따라 흐르다가 사자머리 장식물을 통해 흘러나온다. 물과 결합된 사자는 풍요의 상징이 된다. 베네치아에서 샤넬은 미샤의 도움으로 당시 러시아 발레단을 이끌며 진부함에 빠진 파리의 문화계를 강타한 예술기획자 세르게이 디아길레프를 만난다. 샤넬은 그를 통해 스트라빈스키를 만났고, 다양한 예술가들과 교류하며 디자이너로서의 풍성한 정체성의 조각을 조형해갔다.

샤넬, 베네치아에서 길을 묻다.

1929년 샤넬은 자신의 생일날 유명을 달리한 친구이자 예술의 동지였던 디아길레프를 베네치아의 산 미셸 섬에 묻었다. 사랑의 상처를 치유하기 위해 찾아왔던 베네치아, 예술적 동지를 묻어야 했던 도시 베네치아, 그러나 이곳에서 그녀는 자신의 작품을 위한 영원한 영감의 토대를 얻었다. 황금사자는 르네상스 시절, 해상무역의 패권을 휘둘렀던 베네치아의 힘의 상징이었다. 베네치아는 개펄 위에 세워진 도시였다. 당연히 농업이 불가능했고 결국 일찍이 대양으로 관심을 돌려 중계무역을 통한 상업국가로의 전환을 모색했다. 1204년 제4차 십자군 원정을 위한 해상병력수송을 책임지면서 그 대가로 베네치아는 경쟁세력인 콘스탄티노플을 무너뜨렸고 이후 지중해의 여왕으로 군림하며 동방무역을 독점했다. 중세 이탈리아의 도시국가 베네치아는 현대 마케팅에서 말하는 기업 이미지 통합(CI: Corporate Identity)을 천 년 전에 이미 시도한 나라였다. CI란 기업의 정체성을 표현하기 위해 로고와 기업명, 심벌마크와 같은 시각적 요소를 제품에 통일성 있게 결합시키는 것을 말한다. 베네치아는 해상제국으로 발전하기 위해, 도시의 상징인 날개 달린 황금사자를 베네치아에서 통용되는 모든 물건, 궁정, 무역선 뱃머리, 맨홀뚜껑에 이르기까지 새겨 넣었다. 황금사자는 베네치아를 기억하는 또 다른 방식이었던 셈이다. 생각해보라! 황금사자상이 새겨진 이끼가 낀 회벽 아래로 톰방톰방 떨어지는 물소리, 그 아래를 산책하던 샤넬의 모습을 말이다. 도시의 구석구석 박혀있는 황금사자상은 샤넬에게 '치유와 창작의 동력'의 또 다른 상징이 되었을 것이다. 현대패션의 아이콘 샤넬은 자신의 문화적 영향력을 해상제국을 일군 베네치아의 사자에 비유했다. 여전히 가부장적 질서와 중세시절의 길드적 전통에 사로잡힌 파리 패션산업에서, 샤넬은 자신의 삶의 흔적이 응축된 사물과 도상을 끄집어내어 자신만의 이야기를 만들어냈다. 그녀의 창작공간이었던 캉봉가의 스튜디오에 사자조각상을 놓고 단추와 핸드백, 브로치와 같은 다양한 제품의 디테일로 이 사자도상을 끌어들였다. 베네치아의 황금사자는 샤넬에겐 다가올 미래의 길을 알려주는 길상이자 삶의 방향성을 정초하게 해준 상징이었다.

V. 샤넬의 정거장 4-뉴욕의 마천루

1910년대 건축과 디자인의 기능주의가 발흥하던 때와 발맞추어, 활동적인 새로운 여성성과 모던함에 토대한 샤넬의 디자인은 1914년 컬렉션을 위시로 더욱 인정을 받게 된다. 샤넬에게 뉴욕은 어떤 곳이었을까? 장식을 배제한 기능주의 건축물로 새로운 도시의 실루엣을 그리던 마천루의 숲이었다. 프랑스의 아르데코 양식을 미국식 유선형화는 포디즘과 맞물리며 대량생산 시대를 알렸다. 1924년 샤넬 넘버5의 인공향과 1926년 검정색 크레이프 소재로 만든 리틀블랙드레스가 단순한 쉬크를 표방하는 미국사회의 환영을 받는다. 검정색 포드 자동차와 리틀블랙드레스는 대량양산체제로 접어든 미국적 정서에 가장 정확하게 부합되는 코드였다. 미국의 1930년대는 영화 속 의상이 당대의 유행이 되는 시네모드의 시대였다. 당시 프랑스의 패션하우스에서 복제를 허락받은 스타일을 배우가 입으면 관객들이 따라 구매하는 시대였다. 폴란드 출신의 영화 제작자 사무엘 골드윈은 미국에 처음 방문한 샤넬의 명성을 영화에 이용하려 했다. 특히 무성영화에서 유성영화로 넘어오는 30년대는 영화 속 패션이 관건이었다. 글로리아 스완슨, 그레타 가르보 등의 의상을 맡았지만 결과는 좋지 않았다. 하지만 이 일을 계기로 미국사회에 샤넬은 본인 특유의 모던함이 결합된 프랑스의 하이패션을 이식하는 결과를 낳는다.

　　Ⅵ. 샤넬의 정거장 5-깡봉가 31번지

　　마지막 영혼의 정거장은 바로 깡봉가 31번지에 위치한 샤넬하우스다. 그곳은 철학자 가스통 바슐라르의 말처럼 "일체의 거소 가운데, 조개껍질 속 같은 원초의 아늑함을 찾아낼 수 있는" 곳이었다. 튈르리 궁정과 마들렌 사원, 카퓌생 대로 사이에 위치한 이곳에서 그녀는 작업에 몰두했다. 무대장식을 연상시키는 계단과 벽을 따라 붙어있는 베네치아 거울은 항상 자신의 내면을 투영하며 상대의 목소리를 비춰보는 사물이었다. 다양한 각도로 붙어있는 거울은 그녀에게 사물을 바라보는 다양한 시점을 제공해주었다. 이곳은 샤넬의 디자인에 사용된 다양한 미적 어휘들의 저장고이기도 했다. 발레 뤼스를 이끌었던 세르게이 디아길레프가 선물한 러시아 성상과 초현실주의 화가 살바도르 달리가 그려준 밀이삭 그림, 물론 이것은 샤넬의 뿌리인 소뮈르의 산물이었다. 이외에도 중국산 병풍과 콘솔, 장 콕토를 비롯한 모더니스트들의 책들이 가득 들어있는 서재가 있다. 밀 이삭의 모티브는 샤넬의 작품에 반복적으로 드러나고 있으며, 베니스의 수호동물 사자상 또한 샤넬 컬렉션의 무대장치로 쓰였다.

Ⅶ. 물의 정거장, 그 끝에서

샤넬의 〈장소의 정신〉전은 꿈꾸는 유목민, 샤넬의 삶에 영향을 미친 각 장소에 남겨진 그녀의 정신적 지문을 복원한다. 샤넬이 승차와 하차했던 10개의 정거장은 디자이너에 앞서 보편적 인간의 원형이 추구해야 할 길의 무늬를 보여준다. 그녀는 길에서 만난 우정과 관습, 여행 등을 통해 세상을 섬세하게 관찰하고 이를 패션에 적용했다. 누군가에게 중립적 공간일 뿐인 정거장들을 자신만의 체험과 사랑의 지도를 그려낼 장소로 만든 것이다. 그녀는 어느 곳에서도 고착되지 않았다. 끊임없이 길을 떠났고 과거를 잊었으며, 그 과거를 현재로 소환해 자신만의 언어로 풀었다. 이런 자아는 주관적이 되기 쉬운 상상의 세계와 주관성이라는 협소한 세계 속에서 길을 잃지 않고 깊고 서늘한 뿌리를 내리고 살아가는 법을 깨달은 자아다. 샤넬의 〈장소의 정신〉전이 돋보이는 이유는 바로 각 장소마다 그녀가 내린 뿌리의 흔적들을 다양한 도큐멘트와 누적된 아카이브를 통해 규명하고, 그녀의 여행에 우리의 비루한 정신을 동참시키기 때문이리라. 오로지 자기 세계만을 기준으로 아는 이에겐 여행은 그저 '돌아오기 위한 것'에 불과하지만, 길 위에서 오로지 떠남을 통해 생의 지평을 넓히는 이들에겐 지속적으로 기호의 옷을 벗기는 모험일 것이다. 샤넬은 그런 점에서 꽤 괜찮은 여행자인 셈이다.

역사를 만든 혁신의 아이콘

정도전
- 조선건국의 설계자 -

신병주 건국대학교 사학과 교수

▲ 정도전(1342~1398) 초상

정도전
-조선건국의 설계자-

I. 들어가는 말

정도전은 이성계와 함께 조선 건국의 최대의 공로자이다. 아니 어쩌면 취중에서 늘상 '한고조가 장량(장자방)을 이용한 것이 아니라 장량이 한고조를 이용한 것'이라고 했듯이 실제 조선이라는 새 국가의 마스터 플랜을 짠 것은 바로 정도전이었고 스스로도 그렇게 자부하였다. 그런 그가 건국 후 7년이 채 못 되어서 이성계의 아들이자 정적인 이방원에 의해 죽음을 당한다. 그에게는 '역적'이라는 불명예가 붙여졌고 이후 조선의 역사에서 그의 이름은 지워졌다. 고종대를 거치면서 어느 정도 명예를 회복하였지만 그의 이름이 세간에 널리 알려진 것은 최근의 일이다. 특히 1997년에 방영한 사극 '용의 눈물'은 혁명아 정도전의 모습을 일반 대중들에게 각인시키는 큰 계기가 되었다. 드라마 정도전은 2014년 방송대상을 수상할 정도로 작품성을 인정받았다.

2014년 상반기에는 주말 밤에는 대하사극 '정도전'이 방영되면서 600여 년 전 고려왕조를 지키려는 자들과 새로운 왕조 건설을 꾀하는 세력들의 대립을 실감나게 그린 바 있다. 그리고 그 중심에 섰던 인물 정도전과 이성계, 이인임, 최영, 정몽주, 이방원 등 등장인물의 선 굵은 모습이 많은 사람들에게 역사를 보는 재미를 안겨다 주었다. 사극 '정도전'의 후광 덕분에 정도전에 관한 책들이 20~30여 종이 출판되고, 각종 언론에서는 정도전 열풍을 현재의 정치 상황과 언급 하면서 심층적으로 다루고 있다. 우리의 시대에 600여 년 전 인물 정도전이 다시 부활하는 까닭은 무엇일까? 그의 삶의 궤적과 새 왕조 건설을 위해 지향한 사상을 통해 이 물음에 다가서 보고자 한다.

II. 문과 무의 환상적 결합, 정도전과 이성계의 만남

정도전은 1342년 정운경과 최씨 부인 사이에서 3남 1녀 중 장남으로 태어났다. 현재 도담삼봉이 있는 단양 삼봉의 외가에서 태어났으나 부친의 근거지가 있던 영주에서 유년기를 보냈다. 부친 운경이 과거에 급제하여 개경에서 관직 생활을 하자 부친을 따라 개경에 올라온 후 당대의 지성을 대표했던 이색의 문하에 들어가 정몽주, 이숭인, 이존오 등과 함께 성리학을 배웠다. 부친 정운경이 이색의 부친 이곡과 친밀했던 것도 이색의 문하에 들어가는 계기가 되었다. 정도전이 개경에서 수학할 무렵 고려의 국왕 공민왕은 반원 자주정책을 펴면서 개혁정책을 실천하고자 하였다. 그리고 개혁정책을 뒷받침할 신진엘리트 양성에 적극적이었다. 정도전은 1360년(공민왕 9) 성균관 시험에 합격을 한 후 1362년 문과에 합격하여 관직생활을 하였다. 이후 부친상과 모친상을 연거푸 당하여 영주에 내려가 3년 상을 치루면서 후학들을 가르치다가 1370년 성균관 대사성이 된 이색의 천거를 받아 성균관 박사가 되었다. 이후 정몽주, 이숭인 등과 성리학에 대한 토론을 하면서 지식인으로서 탄탄한 기반을 쌓아갔다. 공민왕의 후원에 힘입어 탄탄한 관직 생활과 학문 활동을 하던 정도전에게도 시련이 닥쳐왔다. 공민왕이 시해되고 우왕이 즉위하면서 이인임, 경복흥 등 친원정책을 표방하는 보수파들이 권력을 장악했기 때문이다. 정도전은 보수파들의 득세를 비판하다가 1375년 30대 초반의 나이에 결국 유배길에 오르게 된다. 그가 처음 유배되었던 곳은 나주군 회진현 거평부곡의 소재동. 이곳에서 그는 3년간 부곡민들과 생활하면서 농민생활의 실상을 경험하였고, 이후에도 여러 차례의 유배와 해배가 거듭되었다. 이러한 시련기를 겪으면서 정도전은 사회의 모순을 직접 체험할 수 있었고 그것은 그의 혁명의지를 불태우는 동력이 되었다.

1383년(우왕 8) 전라도 나주 거평부곡에서 유배생활을 하면서 농민 생활의 참담한 실상을 목격한 정도전은 함주막사로 들어가 동북면 도지휘사로 있던 장군 이성계를 찾아갔다. 이성계는 고려 말 거듭되는 외침 속에서 홍건족과 왜구의 침입을 물리치는 혁혁한 무공을 세우면서 신흥 무인세력으로 명성을 떨치고 있었다. 특히 1380년 소년장수 아지발도가 이끄는 왜구를 운봉에서 섬멸한 황산대첩은 이성계의 명성을 보다 높이게 한 사건이었다. 고려 말의 사회적 모순에 가장 적극적인 비판을 하면서 혁명 의지를 불태우고 있던 정도전의 정치적 야심과 이성계의 군사력이 결합되는 역사적 순간이었다.

고려 말의 사회는 정치적, 경제적 특권을 차지하고 있던 권문세족의 횡포와 불교세력의 득세로 말미암아 지방의 중소지주와 백성들의 삶은 날로 피폐해졌다. 여기에 더하여 남방의 왜구와 북방 여진족의 침입이 잦아지면서 국가의 위기도 한층 커졌다. 이러한 시기 권문세족의 특권의식과 불교의 폐단을 지적하는 새로운 사회세력이 지방을 중심으로 성장하였다. 고려 후기 새로운 사상으로 수용된 성리학의 이념을 바탕으로 기득권층의 특권을 견제하고 성리학에 입각한 도덕정치, 왕도정치의 회복을 추구하고 나선 이들이 바로 신흥사대부로 불리는 사람들이었다. 신분적으로는 지방의 향리 출신, 경제적으로는 지방의 중소지주 출신이 신흥사대부의 주류를 이루었다. 정도전은 그 중에서도 가장 열혈남아였다.

고려 말의 대내외적 위기를 맞아 신흥사대부들도 온건파와 혁명파로 분기되었다. 국내외 현실에 대한 인식 차이 때문이었다. 온건파 사대부는 고려왕조의 테두리 내에서 점진적인 개혁을 주장한 반면, 혁명파 사대부는 왕조의 교체만이 사회적 모순을 극복할 수 있으리라 믿었다. 정몽주, 이색, 길재, 이숭인 등이 온건파였다면, 정도전, 조준, 남은 등은 혁명파의 대열에 섰다. 1392년 4월 온건파의 정신적 지주이자 고려왕조의 마지막 충신 정몽주가 이성계의 다섯 째 아들 이방원(후의 태종)의 지휘로 개성의 선죽교 근처에서 피습됨으로써 권력은 완전히 이성계 일파와 혁명파 사대부의 손으로 넘어갔다. 이때 이방원과 정몽주가 주고받았던 시조인 '하여가(何如歌)'와 '단심가(丹心歌)'는 이후에도 널리 회자되면서 정몽주를 고려 충신의 대명사로 널리 인식되게 하였다. 끝까지 고려에 대한 충절을 지킨 정몽주와 길재의 사상이 조선시대 사림파의 뿌리가 된 것도 이들의 정신을 계승하려는 학자들이 재야를 중심으로 널리 퍼져 있었기 때문이었다.

혁명파 사대부의 중심에는 정도전이 있었다. 정도전은 봉화의 향리 출신으로서 아버지 정운경이 관직에 올라 개경으로 진출했으나 외할머니가 노비의 딸로서 그에게는 늘상 천민의 피가 섞였다는 신분적 콤플렉스가 따라 다녔다. 정도전이 급진적 성향을 띤 이면에는 이러한 신분적 성향도 적지 않는 영향을 미쳤다. 정도전은 1362년 문과에 합격한 후 공민왕대에 관직에 진출하였다. 개혁정치를 계획했던 공민왕은 기존의 권문세족에 맞설 수 있는 '젊은 피' 신흥사대부를 중용하였고 이 때 이색의 문하에 들어가 성리학을 연구하면서 본격적인 개혁정책을 구상해 나갔다. 그러나 공민왕이 시해되고 우왕이 즉위한 후 권문세족 이인임 일파를 비판하다가 1375년 나주의 거평부곡으로 유배를 갔다. 그러나 유배생활을 통해 백성들의 삶을 직접 체험함으로써 보다 더 혁명의지를 불태웠다. 유배에서 풀린 후 본가인 영주, 외가인 단양, 서울 등지를 왕래하던 정도전은 1384년 마침내 혁명을 위한 파트너 이성계를 함주막사로 찾아갔다. 이성계의 명망과 그의 휘하에 있는 군사력이라면 혁명도 가능할 것이라고 판단했기 때문이었다. 정도전의 '문(文)'과 이성계의 '무(武)'가 조화되면서 역사는 새로운 혁명의 길로 흘러가고 있었던 것이다.

신흥무장 이성계와 결합한 정도전은 위화도회군 후 이성계 일파가 완전히 권력을 잡자 신속히 전제개혁(과전법)에 착수하여 구세력의 경제적 기반을 박탈하고 새로운 왕조에 협조할 관리와 백성들에게 토지를 고르게 분배하였다(1391년 5월). 이성계 일파가 새 왕조의 개창을 민심과 천심에 순응하는 '역성혁명'이라고 할 수 있는 근거를 마련한 대규모 경제개혁 조처였고, 새왕조 건설은 한층 박차를 가할 수 있게 되었다.

Ⅲ. 왕권과 신권의 갈등

위에서 지적했듯이 1398년 8월 조선왕조 건국의 최고 주역 정도전이 피습되었다. 가해자는 바로 태조의 다섯 번 째 아들 이방원(후의 태종)이었다. 도대체 무슨 악연이 있었길래 이방원은 정도전을 피습했던 것일까? 조선왕조는 건국 후 국호를 정하고 도읍을 한양으로 옮겼으며, 각종 궁궐과 관청의 정비에 착수하였다. 그리고 그 실무의 주도적인 역할은 정도전에 의해 이루어졌다.

정도전은 『조선경국전(朝鮮經國典)』이라는 책을 통하여 조선 건국의 이념적 지표들을 설정해 나갔다. 그 중에서도 핵심적인 내용은 신하의 권력을 강조한 부분이다. "국왕의 자질에는 어리석음도 있고 현명함도 있으며, 강력한 자질도 있고 유약한 자질도 있어서 한결같지 않으니, 재상은 국왕의 좋은 점은 순종하고 나쁜 점은 바로 잡으며, 옳은 일은 받들고 옳지 않는 일은 막아서, 임금으로 하여금 대중(大中)의 경지에 들게 해야 한다"고 한 것이나, "국왕의 직책은 한 재상을 선택하는데 있다"고 한 것, "국왕의 직책은 재상과 의논하는 데 있다"고 한 것 등은 재상, 즉 신하의 역할을 특히 강조한 것이다. 조선은 이성계가 왕이 된 이씨 왕조의 국가였다. 따라서 왕권이라는 것은 무엇에도 비견할 수 없는 절대 권력이었다. 그러나 건국의 이념을 제시한 정도전의 머리 속에는 자신과 같은 재상의 권력이 언제든 왕권을 제압할 수 있어야 한다는 생각이 들어 있었다. 정도전의 이러한 구상에 가장 강력히 반발한 인물이 바로 이방원이었다. 이들의 갈등은 이미 태조의 후계자인 세자 책봉에서부터 시작되었다.

태조의 첫째부인이자 정비인 신의왕후 한씨는 조선 건국 전인 1391년에 55세의 나이로 이미 사망했지만 그녀와 태조 사이에는 장성한 아들 6명(방우, 방과, 방의 방간, 방원, 방연)이 있었다. 그리고 둘째 부인인 계비 강씨 사이에서도 두 아들이 태어났는데. 방번과 방석이 그들이다. 계비 강씨는 나이는 어렸지만 당찬 여걸이었다. 1392년 4월 이방원이 정몽주를 격살했다는 보고를 받고 태조가 당황해 하자 "공이 언제나 대장군으로 자처하시더니 어찌 이렇게 당황해 하십니까"라는 핀잔을 줄 정도였다. 강씨의 영향력은 무엇보다 조선 건국 한 달 후 인 8월 20일 전격적으로 그녀의 소생인 11세의 방석을 세자로 책봉시킨 데서 알 수 있다. 그러나 방석의 세자 책봉은 조선 왕실의 또 다른 비극을 잉

태하는 싹이 되고 말았다. 당연히 본처의 아들 중에서 왕위를 계
승하리라고 믿었던 한씨 소생의 아들들은 아버지와 계모의 처사
에 분개했다. 원래 정치에 뜻이 없었던 장남 방우는 거의 매일 술
을 마시다가 1393년 사망했고, 실질적인 장남이 된 방과와 방원
등은 똘똘 뭉쳤다.

　자질이 일정하지 않는 국왕이 세습되어 전권을 행사하는 왕
권중심주의 보다는 천하의 인재 가운데 선발된 재상이 중심이 되
어 정치를 펴는 신권중심주의를 주장한 정도전은 방석의 세자 책
봉을 오히려 기회로 여겼다. 강력한 왕권을 주장하는 방원과 같
은 버거운 상대 보다는 어린 세자 방석이 즉위하면 자신의 입지
가 보다 커질 것으로 생각했기 때문이었다. 세자로 책봉된 방석
은 어머니 강씨와 정도전, 남은 등 개국공신의 후원에 힘입어 세
자로서의 자질을 익혀갔다. 정도전은 특히 왕자들이 보유하고 있
던 사병의 혁파를 단행하는 조치를 취하여 경쟁 관계에 있었던
방원 등의 무력 기반을 해체하고자 했다. 자신에게 서서히 가해
지는 정치적 압박에 위기의식을 느끼고 있던 방원에게 기회가 왔
다. 계비 강씨가 죽고 태조마저 병석에 눕게 되자 세자로 책봉된
방석의 입지가 점차로 위축되었다. 방원은 이 틈을 놓치지 않았
다. 이전부터 단결하고 있던 한씨 소생의 왕자들은 방원의 주도
로 1398년 경복궁 남문에 쿠테타군을 배치한 후 우선 최대의 정
적인 정도전의 제거에 나섰다. 그 시각 정도전은 자신의 자택(현
재의 종로구청 자리)에서 가까운 남은의 첩 집에서 남은, 심효생
등과 환담을 하던 중 불의의 일격을 받고 죽음을 당했다. 정도전
에 대한 이방원의 증오는 그의 수진방 자택을 몰수하여 말을 먹
이는 사복시(司僕寺)로 사용한 것에서도 나타난다. 정도전을 제
거한 후에는 세자 방석을 유배시킨 후 살해하였으니 이것이 1차
왕자의 난이다. 이방원과 정도전의 갈등은 1398년의 왕자의 난

성공으로 정도전이 제거되면서 이방원의 승리로 끝을 맺었다. 그러나 이것은 단순한 개인의 승리가 아니라 정도전이 주장한 재상이 주도하는 신권중심주의가 패배했음을 의미한다. 이방원이 태종으로 즉위한 후 강력한 왕권중심주의를 펼쳤던 배경에는 이러한 정치적 갈등이 자리를 잡고 있었던 것이다.

이방원이 주도한 왕자의 난으로 어린 세자 위에 군림하면서 재상이 주도하는 왕도정치의 실현을 꿈꾸었던 정도전의 꿈도 역사 속에 묻혀 버리고 말았다. 그리고 이후에도 정도전은 역적의 대명사로 인식되어 조선왕조 내내 신원되지 못하다가 정조대에 그의 문집인 『삼봉집』이 간행되면서 어느 정도 그 멍에를 벗었고, 1865년 대원군은 경복궁을 중건하면서 왕궁의 설계자였던 그의 공로를 인정하여 문헌공이란 시호를 내리기도 했다. 최근에는 그에 대한 재평가작업이 역사, 철학 등 다방면에서 전개되고 있으니, 지하에서나마 정도전은 실록에 기록된 불명예의 굴레를 어느 정도 벗어버리고 편히 잠들 수 있지 않을까?

Ⅳ. 혁명가이자, 이론가

서거정의 『태평한화』의 기록에 따르면, 고려말 정도전이 절친한 벗이었던 이숭인, 권근 등과 더불어 각자 인생에서 가장 즐거운 일이라고 생각되는 것에 대해 토론한 적이 있었다고 한다. 이숭인은 조용한 산방(山房)에서 시를 짓는 것을 평생의 즐거움이라 했고, 권근은 따뜻한 온돌방에서 화로를 끼고 앉아 미인 곁에서 책을 읽는 것을 최고의 즐거움이라 하였다. 이에 반해 정도전은 '첫 눈이 내리는 겨울날 가죽옷에 준마를 타고, 누런 개와 푸른 매를 데리고 들판에서 사양하는 것'을 가장 즐거운 일로 꼽았

다고 한다. 온화한 인품의 소유자 이숭인, 그저 현실에 안주하면
서 즐거움을 누리겠다는 권근과 달리 거친 현실을 돌파할 의지가
강했던 정도전 캐릭터의 일면을 보여준다. 그의 이러한 모습은
훗날 조선건국을 위한 설계자로, 건국 후 명과의 국경 충돌시에
는 직접 군사훈련을 실시하여 요동정벌을 계획했던 강력한 카리
스마의 소유자의 그것이었다.

정도전은 뛰어난 혁명가이자 이론가이도 했다. 조선건국의 이
론적 토대를 마련한 그의 여러 저술들은 이론가 정도전의 정치
(精緻)한 모습을 보여준다.

『조선경국전』은 조선의 통치 이념과 통치조직 전반에 관한 책
으로, 정도전이 구상한 조선건국의 모델을 보여주는 대표적인 책
이다. 중국『주례(周禮)』의 영향을 받아 치전(治典), 부전(賦典),
예전(禮典), 정전(政典), 헌전(憲典), 공전(工典)의 6전 체제를 바
탕으로 정리하였으며, 6전의 앞에는 치국의 근본이 되는 정보위
(定寶位), 국호, 정국본(定國本), 세계(世系), 교서(敎書)를 기술
하여 인정(仁政)의 중요성, 조선이라는 국호에는 기자조선을 계
승한 문화적 자부심이 깔려 있다는 점을 강조하였다. 「정보위」
에서는 재상중심주의를 강력히 표방하여 조선의 정치 주도세력
은 재상에 있음을 선언하였는데, 이러한 사상은 결국 그의 죽음
을 재촉하는 한 원인이 된다. 6전의 내용은 인사, 재정, 교육, 국
방, 형벌, 토목 등에 관한 것으로 성종대에 완성되는 조선의 헌법,
『경국대전』의 밑바탕이 된다.

『경제문감』은『조선경국전』의 내용 중 「치전」 부분을 보완한
성격의 책이다. 이 책에서도 정도전은 그의 정치적 소신인 재상
중심주의를 강력히 피력하였다. 즉 이상시대인 중국의 요순(堯
舜) 시대에는 현명한 재상이 실권을 가지고 제왕을 보필함으로써
이상적인 유교정치가 구현되었다는 점을 강조하였다.『고려국사』

는 조선건국의 정당성을 합리화하기 위해 저술된 역사책이다. 정
총과 함께 저술했다고 하는 이 책은 현재 전하지는 않으나 서거
정의『동문선』에 서문이 남아 있어서 편찬 동기를 알 수 있게 해
준다.

『불씨잡변』(1398년)에서는 고려 후기에 들어 사회적 폐단을
심각하게 노정한 불교의 이론 체계를 강력히 비판하였다. 그는
이 책에서 불교의 교리를 윤회설, 인과설, 심성설, 지옥설 등 10
여 편으로 나누어 조목조목 그 문제점을 비판하였다. 이 책은 불
교 중심의 고려사회에서 성리학 중심의 조선사회로 진전되는 역
사발전 과정에서 성리학이 지니는 우월성을 역설했으며, 불교
의 교리를 체계적으로 정리하였다. 그만큼 정도전이 불교 이해에
도 해박하였음을 보여준다. 이외에도 실전의 전투 기술을 정리한
『진법』은 태조 초에 전개한 그의 요동정벌 운동이 결코 허구가
아니었음을 보여준다.

V. 한양 천도와 도성 건설의 주역

1. 국호를 '조선'이라 한 까닭

역성혁명을 성공시킨 세력들에게는 무엇보다 새 나라의 국호
를 정하는 것이 일차적인 과제였다. 왕조의 설계자로서 큰 역할
을 했던 정도전은 옛 조선의 전통을 계승한다는 의미에서 국호를
'조선'으로 정했다. 단군조선에서 이어지는 유구한 역사적 전통
과 천손(天孫)의 후예라는 자부심과 함께, 중국의 선진 문화를 우
리나라에 전래한 기자조선에서 도덕문화의 뿌리를 찾는다는 의
미가 담겨 있는 국호였다. 단군과 기자에 대한 인식은 고려 후기

일연의 『삼국유사』나 이승휴의 『제왕운기』 등의 책에도 나타나
는 것으로서 전대의 역사의식이 국호에 반영된 것으로 볼 수 있
다. 고려라는 국호에는 고구려 계승의식이 포함되어 신라와 백제
지역의 유민을 모두 포괄하지 못한 한계가 있었으나, 조선이라는
국호에서는 모두가 다 같은 고조선의 후예라는 민족통일의식이
담겨져 있었다. 이처럼 조선이라는 국호에는 지역성을 극복하고
삼국의 유민들을 모두 포용하려는 민족통합의식이 포함되어 있
는 것이다.

2. 새 도읍지 한양

나라 이름을 새로 정한 다음에 남은 과제는 새로운 도읍지의
선정이었다. 1392년 7월 17일 이성계는 고려의 수도 개성에서 즉
위하지만 개성이라는 곳은 고려왕조의 신하들이 많은 피를 흘렸
던 곳이었고 여전히 고려 귀족들의 흔적이 곳곳에 남아있는 곳이
었다. 고려왕조 후반이후 개경의 지기(地氣)가 쇠했다는 설이 유
행한 것도 도읍을 옮기는 주요한 이유가 되었다. 이러한 상황에
서 정도전을 비롯한 조선 건국의 주체 세력은 새 수도 건설에 노
력을 기울이게 되고, 1394년(태조 3) 10월 수도를 개성에서 한양
으로 옮겼다. 한반도의 중앙에 위치한 한양은 이미 500년간 백제
의 수도였으며, 고려시대에도 남경이라 하여 주요 도시로서 기능
하였다. 특히 남쪽에 한강을 끼고 있어서 수로 교통에 매우 편리
할 뿐만 아니라 주변에 높은 산들이 둘러싸고 있어서 국방상으로
도 매우 유리한 지역이었다.

그러나 한 때 새 도읍지로는 한양 이외에 계룡산 일대가 후보
지로 떠올랐다. 태조는 2년 2월 정당문학 권중화의 계룡산 길지
설(吉地說)에 따라 계룡산을 답사하고 신도시의 건설 계획을 진

행시켰다. 그러나 그곳이 지리적으로 남쪽에 치우치고 풍수학적으로도 불길하다는 정도전, 하륜의 주장에 의해 이듬해에는 백악 남쪽 지금의 서울 성곽 안을 중심으로 하는 새 도읍지를 정하게 되었다. 그런데 한양이 계룡산을 물리치고 도읍으로 된 데는 무엇보다 수로와 해로의 교통이 편리하여 국가의 조세를 쉽게 거둘 수 있다는 점이 유리하게 작용하였다. 한양으로의 마지막 결정 단계에서, 풍수지리상 이곳이 약간의 결점이 없지 않다는 지적을 듣고 태조가 "이곳의 형세를 살펴보니 왕자(王者)의 도읍이 될 만하다. 더구나 조운(漕運)이 통하고 사방의 이수(里數)도 고르니 사람들에게 편리하다"라고 말한 것도 이러한 점을 잘 보여주고 있다. 도읍지는 한양으로 정해졌지만 이때 왕궁을 어느 방향으로 할 것인가를 두고 왕사(王師)인 무학대사와 정도전의 의견이 팽팽히 대립하였다. 무학이 인왕산을 주산으로 삼을 것을 주장하자, 정도전은 국왕은 남면(南面)을 해야 한다는 이유로 북악산을 주산으로 할 것을 주장했고 결국 정도전의 주장대로 신도시 건설이 추진되었다.

3. 경복궁의 완성과 사대문에 담긴 뜻

북악 남쪽의 평평하고 넓은 터에 390여 칸 규모의 새 궁궐이 처음 세워진 것은 1395년(태조 4) 9월 29일의 일이었다. 태조는 같은 날 낙성된 종묘에 4조(祖)의 신위를 개성으로부터 옮겨 모시고 친히 새 궁궐을 살핀 다음 신하들에게 잔치를 베풀어 주었다. 술이 거나해진 태조는 정도전에게 새 궁궐의 이름과 각 전당의 이름을 짓도록 명하였고, 정도전은 『시경』「주아(周雅)」편의 한 구절을 인용하여, "이미 술을 마셔서 취하고 큰 은덕으로 배부르니 군자께서는 만년토록 큰 복(景福)을 누리리라"라는 의미로 정궁의 이름을 경복궁으로 정했음을 아뢰었다. 정전(正殿)인 근정전을 비롯하여, 정무를 보는 사정전(思政殿), 침전인 강녕전(康寧殿) 등의 이름도 이때에 지어졌다. 태조는 경복궁으로 이름을 지은 지 약 3개월 후 점을 쳐서 길일로 잡은 12월 28일 마침내 이곳에 들어와 살았다. 길하다는 날을 골라서 만든 경복궁, "군자 만년 큰 복을 누리리라"는 칭송으로 가득했던 경복궁은 태조가 들어가 산 지 채 3년도 못 가서 골육상쟁의 피비린내가 진동하는 '왕자의 난'이 일어나는 비극의 공간이 되고 만다.

경복궁이 완성된 후 뒤 한양에는 종묘와 사직, 4대문과 4소문을 비롯하여, 각 관청 건물들이 속속 갖추어 졌다. 법궁인 경복궁은 주산을 백악산으로 하여 궁궐의 좌측에 종묘를, 우측에 사직(社稷)을 배치하여 좌묘우사(左廟右社)의 체제를 따랐다. 4대문의 이름은 동서남북의 방위에 따라 각각 흥인문(興仁門), 돈의문(敦義門), 숭례문(崇禮文), 소지문(昭智門)이라 하였는데 이것은 유교의 인의예지(仁義禮智)의 덕목을 상징적으로 반영한 것이다. 4대문의 중앙에 설치한 보신각(普信閣) 또한 '신'의 이념을 더함으로써 유교의 5가지 덕목인 '인의예지신'이 건축물에 이념화되었다. 1397년 4월에는 한성부 5부의 방명표(坊名表)를 세우게 하여 동부 12방, 남부 11방, 북부 10방, 중부 8방의 구획이 정해지고 각 방의 명칭도 정해졌다. 새 왕조는 한양에 둘레 17킬로미터의 성곽을 둥글게 쌓고, 그 안에 경복궁을 비롯한 궁궐, 종묘, 사직, 관아, 시장, 학교 등을 건설하였는데 산수가 조화된 명당으로서의 풍수지리적 특징을 최대한 살려 도시 구조를 짰다. 북의 백악산, 남의 목멱산(남산), 동의 낙타산(낙산), 서의 인왕산에 둘러싸인 모습으로 궁궐과 관아를 배치한 것은 풍수지리에 의거한 것이었다.

신도시의 건설을 주도하고 완성한 정도전은 1398년 4월 「신도팔경시(新都八景詩)」를 지어 자신의 손으로 완성된 한양의 모습을 찬양하고 대대로 복을 누릴 것을 기원했지만, 이해 8월에 일어난 1차 왕자의 난으로 그가 제거되면서 정도전이 새 왕조를 창건하고 새 도읍지를 정하면서 그 스스로 영원히 복을 누리겠다는 기원은 꿈으로만 그친 채 사라져 버리고 말았다. 그러나 정도전은 사라졌지만 그가 설계했던 새 도읍지 한양은 조선왕조의 멸망과 운명을 함께 하면서, 오늘날까지 세계적인 대도시로 성장, 발전하고 있다.

Ⅵ. 역적으로 마감된 최후

1398년 8월 26일 이방원이 지휘한 군사들은 송현(松峴: 현재의 한국일보사 근처) 남은의 첩의 처소를 급습했다. 정도전과 남은 등이 이곳에서 비밀리에 모여 회합을 하고 있다는 정보를 입수한 이방원측의 선제공격이었다. 정도전은 황급히 피신했으나, 결국에는 체포되어 방원의 앞에 끌려왔다. 『조선왕조실록』은 그날의 일을 다음과 같이 기록하고 있다.

⋮

"정도전이 도망하여 그 이웃의 판사(判事) 민부의 집으로 들어가니, 민부가 아뢰었다. '배가 불룩한 사람이 내 집에 들어왔습니다.' 이방원은 그가 도전인 줄 알고 사람을 시켜 잡게 하였더니 도전이 침실 안에 숨어있는지라 꾸짖어 밖으로 나오게 하였다. 엉금엉금 기어 나와서 말하기를 '청컨대 죽이지 마소서, 정안군이 예전에도 저를 살려주셨으니 지금도 또한 살려주소서.' '네가 조선의 봉화백(奉化伯)이 되었는데도 부족하게 여기느냐, 어떻게 악한 짓을 한 것이 이 지경에 이를 수 있느냐?' 하고 이에 그를 목베게 하였다."

(『태조실록』, 태조 7년 8월 26일)

⋮

실록에 기록된 정도전의 죽음에 관한 부분이다. 조선건국의 주역이자, 설계자였던 혁명아의 말로치고는 너무나도 비참하게 서술되어 있다. 아마도『태조실록』의 찬자들이 태종의 즉위에 공을 세운 세력인 만큼 죽음에 대한 왜곡은 어느 정도 예상된다. 고려말 권문세족의 횡포에 맞서 혁명의 열기를 불태우면서 마침내 조선 건국을 성공한 혁명아 정도전이 걸어온 인생역정을 보노라면 방원에게 목숨을 구걸하는 정도전의 이러한 비겁한 죽음에는 쉽게 수긍할 수 없다. 실록의 기록 또한 역사의 승리자에 의한 기록이란 측면이 다수 반영되기 때문이다. 더구나 그 인물이 반대세력의 표적이라면 공정하고 객관적일 가능성은 떨어진다. 그의 죽음은 독자들의 상상력에 맡긴다. 조선건국 후 건국의 마스터플랜은 대부분은 정도전의 머리에서 나왔다. 한양 천도와 새로운 궁궐의 조성, 종묘와 사직의 배치 등이 그의 머리에서 나왔다. 조선 건국의 설계자라 해도 결코 과장된 표현이 아니다. 정도전은 새 국가의 구심점을 재상에서 찾았다. 자신과 같이 능력있는 재상이 현명함과 어리석음이 검증되지 않는 군주보다 더 큰 역할을 해야 한다고 믿었다.『조선경국전』등에서 피력한 재상중심주의는 그의 정치적 소신이었다. 그러나 이러한 정치철학은 급기야 왕권강화론자인 이방원과 마찰을 빚게 되고, 1398년 그의 죽음으로 그 빛을 발하지 못하고 오히려 그의 이름에는 역적이라는 굴레가 따라 붙었다.

정도전은 조선시대 내내 만고의 역적으로 낙인찍혔다가 고종대인 1865년 흥선대원군에 의해 그 명예가 회복되었다. 경북궁 중건을 주도한 대원군이 조선 건국의 설계자였던 정도전을 높이 평가했던 것이다. 1872년에는 후손들의 주도로 경기도 양성현 산하리에 작은 사당도 마련되었다. 그러나 그의 비극적인 죽음 때문에 그의 시신을 모신 묘역의 존재도 한 동안 미스테리로 남아 있었다. 조선 후기의 실학자 유형원은 그가 전국을 답사한 경험을 토대로 정리한 지리지 『동국여지지』에서 정도전의 묘소가 '과천현 동쪽 18리에 있다'고 기록하였다. 현재의 서초구 우면산 자락에 해당하는 곳이다.

혁신적인 사상과 행동하는 지성으로서 조선건국을 실질적으로 이끈 주역 정도전. 건국 이후 그의 삶은 극히 짧았지만 그가 제시한 조선 국가의 모델은 5백년 조선왕조의 기본 골격이 되면서 세계사적으로도 유래가 없는 장수 국가를 이룩할 수 있었다. 특히 그가 추구한 민본 사사상과 도덕정치, 왕도정치를 실현하려 한 모습은 현재에도 시사하는 바가 적지 않다. 정도전의 삶을 한 개인의 삶이 아닌 역사적 삶이라 할 수 있는 까닭이다.

:: 참고문헌 ::

한영우, 『왕조의 설계자 정도전』, 지식산업사, 1999.
조유식, 『정도전을 위한 변명』, 휴머니스트, 2014.
조기영, 『삼봉리더십』, 이치, 2004.
이덕일, 『정도전과 그의 시대』, 옥당, 2014.
문철영, 『인간 정도전』, 새문사, 2014.
신병주, 『조선을 움직인 사건들』, 새문사. 2009.
신병주, 『조선평전』, 글항아리, 2011.
신병주, 『조선과 만나는 법』, 현암사, 2014.

역사를 만든 혁신의 아이콘

세종대왕
-'천민(天民)/대천이물(代天理物)'론과
'보살핌'의 정치-

정윤재 한국학중앙연구원 교수

▲ 김기창, 「세종어진」, 비단에 채색, 180×120cm, 세종대왕유적관리소

세종대왕[1)]
-'천민(天民)/대천이물(代天理物)'론과 '보살핌'의 정치-

I. 머리말

　지금까지 세종대왕에 관한 연구는 관심있는 여러 학자들에 의해 시도되었다. 그러나 그것은 주로 세종대왕이 인자하며 호학(好學)했던 군주임을 강조하거나 그의 사상과 철학, 그리고 문화정책을 드러내어 검토하고 평가하는 것이었다.[2)] 그리고 지금까지 우리는 대체로 세종대왕이 우리 역사상 "가장 위대한 위인"으로 존경받는 까닭은 그가 "어느 누구보다도 상상할 수 없는 남다른 성현의 덕성과 인격을 아울러 갖춘 어른이었기 때문"[3)]이라는 평가를 당연시하고 지내왔다. 한 마디로, 그동안 우리 학계에서는 세종대왕을 능력있는 정치지도자로서보다 인간성과 학문이 탁월했던 인격자로 평가하는 경향이 지배적이었다.

---

1)　「세종대왕의 "천민/대천이물"론과 "보살핌"의 정치」,『동양정치사상사』, 제8권 1호, 2009의 내용을 수정·보완한 것임(2015. 3. 16.)

2)　예컨대 다음과 같은 연구들이 있다. 박종국,『세종대왕과 훈민정음』, 세종대왕기념사업회, 1996; 이숭녕,『세종대왕의 학문과 사상』, 아세아문화, 1981; 조남욱,『세종대왕의 정치철학』, 부산대학교 출판부, 2001; 한국정신문화연구원,『세종조 문화연구』I, 박영사, 1982; 한국정신문화연구원,『세종조 문화연구』II, 박영사, 1984; 한국정신문화연구원,『세종시대 문화의 현대적 의미』, 박영사, 1998; 한국정신문화연구원,『세종시대의 문화』, 태학사, 2001.

3)　박종국, 앞의 책(1996), pp.32~33.

  그러나 세종시대가 "우리나라 전 역사에서 가장 영광된 시대"[4]라는 평가는 자연스럽게 우리로 하여금 그렇게 영광스러운 세종시대가 세종대왕과 당대 사대부들의 성공적인 국가경영의 산물임을 상기시켜 준다. 그리고 누구라도 '조선시대의 문화가 뛰어나다'고 평가한다면, 그러한 문화는 아무런 현실적 구비조건이 없는 진공상태에서 저절로 만들어진 것이 아니라 아주 구체적이고도 능숙한 국가경영과정의 산물이라고 인정하는 것이 상식이다. 따라서 "민족문화의 르네상스기"라고도 일컬어지는 세종시대에 대한 적정한 이해와 평가는 당대를 이끌었던 세종대왕과 사대부들의 이념적 지향과 함께 그들이 국가를 경영하는 과정에서 당시의 국가현실과 각종 현안들에 대해 어떠한 문제의식을 지니고 있었으며 또 그것을 해결하기 위해 어떻게 노력했는지에 대한 적절하고도 충분한 지식을 필요로 하는 작업이다. 이러한 점에서 최근에 이루어진 세종대왕의 정치리더십에 대한 몇몇 연구들[5] 이 기여한 바는 적지않은 것으로 평가할 수 있을 것이다.

  이러한 생각을 앞세우고, 본고에서 필자는 분석목적상, 세종대왕의 치세를 "보살핌의 정치(politics as caring)"로 규정한다. 왜냐하면 세종시대에 있어서 정치적 주권자는 군주 1인이었고 백성들은 군주로부터 일방적인 수혜를 받는 수동적인은 위치에 있었을 뿐 아니라, 세종 자신이 유교적 위민 혹은 애민사상에 충

---

4) 정두희, 『세종조의 권력구조-대간의 활동을 중심으로』, 한국정신문화연구원, 1982, p.2.
5) 예컨대, 정윤재 외, 『세종의 국가경영』, 지식산업사, 2006; 이한우, 『세종: 조선의 표준을 세우다』, 해냄, 2006; 박현모, 『세종의 수성 리더십』, 삼성경제연구소, 2006; 박현모, 『세종, 실록 밖으로 행차하다』, 푸른역사, 2007; 박현모, 『세종처럼: 소통과 헌신의 리더십』, 미다스북스, 2008; 서정민, 『세종, 부패사건에 휘말리다』, 살림, 2008; 정윤재, 「세종의 정치리더십 형성과정 연구」, 『동양정치사상사』, 제6권 1호, 2007, pp.5~23.

실했던 군주로서 백성들의 삶을 자신의 권력과 통찰력으로 챙기고 보듬는 일에 최선을 다했던 정치지도자로 평가되고 있기 때문이다.[6] 그리고 세종이 재위 32년에 훙(薨)했을 때 사관이 "백성들이 생업에 종사하기를 즐겨한지 무릇 30여 년(民樂生生者 凡三十餘年)"(세종32/02/17)이라고 기록했다. 그리고 후일 율곡(栗谷) 이이(李珥, 1536~1584)는 "세종께서 국가를 안정시켜 후손에게 잘 살 수 있는 길을 터놓았으며, 우리나라 만년의 기틀을 다져놓았다"[7]라고 평가했다. 그리고 백성을 아끼는 세종의 품성과 덕치가 이웃나라에도 소문이 나 세종대에는 왜인과 여진족들이 집단으로 귀화(歸化)하는 일이 빈번했다.[8]

그래서 필자는 이러한 세종대왕의 "보살핌"의 정치의 사상적 기저를 이루는 것으로 보이는 그의 "천민(天民)"과 "대천이물(代天理物)"의 정치사상을 먼저 검토한 다음, 그의 "보살핌"의 정치가 구체적으로 어떠한 내용의 정책적 조치들로 전개되었는지를 살필 것이다. 마지막으로, 이같은 세종대왕의 "보살핌"의 정치를 요약, 평가하고 그 현대적 함의를 간단하게 짚어보고자 한다.

6) 이러한 점에 착안했던 김홍우 교수는 "〈세종실록〉은 이 땅에 사는 '백성들' 다시 말하면 '사회적 약자들'의 '숨은 고통'을 일찍이 이처럼 어루만져 준(caring)적도 있었던가 하는 생각이 들기에 족한, 이 분야에 있어서 가장 생생한 사례들의 압권이다"라고 평가했고, 박현모 박사는 세종은 어루만져 준 것을 지나 백성들을 "어루만져 줄 뿐 아니라 [백성들의 어려운 형편을] 개선시키기 위해 노력한 군주"라고 평가했다. 김홍우, 『한국정치의 현상학적 이해』, 문학과 지성사, 2007, p.523; 박현모, 앞의 책(2008), p.335.
7) 이이, 「동호문답」, 『율곡전서』; 박현모, 앞의 책(2008), p.324 재인용.
8) 박현모, 『세종, 실록 밖으로 행차하다』, 푸른역사, 2007, pp.68~74.

Ⅱ. "천민(天民)"과 "대천이물(代天理物)"의 정치사상

누구나 다 알고 있듯이, 세종대왕은 어려서부터 책읽기를 무척 좋아했다. 그래서 그는 〈시경〉, 〈맹자〉, 〈사기〉 등 동양의 역사와 사상, 그리고 문학에 걸친 웬만한 고전들을 거의 다 섭렵했다. 그리고 태조대에서 세종대까지 왕세자 교육의 현장인 서연(書筵)에서 활용된 교재들이 4서5경을 포함하여 〈효경〉, 〈소학〉, 〈자치통감강목〉, 〈대학연의〉, 〈사륜요집〉 등 이었던 것으로 보아,[9] 세종대왕은 대군을 거쳐 임금으로 즉위하기까지 최고지도자로서의 내면적 준비를 충실하게 마친 상태였던 것으로 볼 수 있다. 즉, 세종대왕은 일찍부터 유교적 민본(民本)에 충실한 성군(聖君)을 지향하는 내성외왕(內聖外王)의 구도 아래, 국왕과 왕세자에 대한 철저한 학문적 수련을 강조하는 성리학(性理學)의 전통에 따른 리더십 훈련을 정상적으로 받았던 것이다.[10]

그 뿐 아니라 조선왕조의 창업자인 태조는 이미 그의 〈즉위교서〉에서 "하늘이 많은 백성을 낳아서 군장(君長)을 세워, 이를 길러 서로 살게 하고, 이를 다스려 서로 편안하게 한다. 그러므로 군도(君道)가 득실(得失)이 있게 되어, 인심(人心)이 복종과 배반함이 있게 되고, 천명(天命)의 떠나가고 머물러 있음이 매

---

9) 세종의 성장과 교육내용에 대해서는 정재훈, 「세종의 왕자교육」, 『한국사상과 문화』, 2005; 정윤재 외, 앞의 책(2006), pp.29~52 참조.

10) 이같은 학문적 수련 외에 세종은 즉위한 이후 약 4년 동안 태종을 상왕(上王)으로 모시면서 정치의 현장에서 권력의 냉정함과 국가경영의 어려움도 체험적으로 학습할 수 있었다. 이러한 체험과정을 통해 세종은 비극과 익숙해지는 성숙함과 독립적인 국왕의 면모를 갖추기 시작했던 것이다. 정윤재, 앞의 책(2007), pp.5~25; 이한우, 앞의 책(2006), p.57, 95 참조.

였으니, 이것은 이치(理致)의 떳떳함이다"[11]라고 천명하였는 바, 이는 조선 초기의 왕족이나 귀족과 같은 정치주도층들이 "백성이 나라의 근본임(民惟邦本)"은 물론 그들의 존재의 근원이 하늘(天)이고 그들의 정치적인 삶은 하늘의 이치(天道)와 긴밀하게 연계되어있다는 관념을 소지하고 있었음을 그대로 보여주는 사례들이다.[12]

그래서 세종대왕은 이같은 선조들의 국가경영 방침을 그대로 따르면서 하늘로써 비롯된 백성들을 어질게 보살피고 다스릴 것을 천명하였다. 즉 세종대왕은 왕위에 오르면서 "태조께서 나라를 세우는 큰일을 하시고 부왕 전하께서는 큰 사업을 이어받으시어 삼가고 조심하여 하늘을 공경하고 백성을 사랑하며, 충성이 천자(天子)에 이르고 효하고 공경함이 신명(神明)에 통하여 나라의 안팎이 다스려 평안하고 나라의 창고가 넉넉하고 가득하며… 일체의 제도는 모두 태조와 우리 부왕께서 이루어 놓으신 법도를 따라 할 것이며, 아무런 변경이 없을 것이다… 아아, 위(位)를 바로 잡고 그 처음을 삼가서. 종사의 소중함을 받들어 어짊을 베풀어 정치를 행하여야(施仁發政) 바야흐로 땀 흘려 이루어 주신 은택을 밀어 나아가게 되리라"(세종00/08/11)는 내용의 즉위교서를 발표했다.

그리고 세종대왕은 스스로도 그가 다스리는 백성은 빈부귀천(貧富貴賤)없이 누구나 다 하늘로써 비롯된 "천민(天民)"으로 간주하였다. 세종대왕은 당시 노비들을 함부로 구타하거나 죽이는

11) 강광식 외, 『한국정치사상사 문헌자료 연구 I – 조선전기편』, 한국학중앙연구원, 2007, p.43.
12) 물론 이러한 전통은 맹자가 "하늘이 많은 백성을 내시니 만물에는 법칙이 있네(天生蒸民 有物有則)"라고 했던 것과 상통하는 것이며, 이러한 유학의 영향을 받은 것으로 볼 수 있다. 〈孟子〉, 告子章句上 6.

일이 있어서는 안된다는 취지에서 다음과 같은 전지(傳旨)를 내려 노비라 할지라도 "하늘이 낸 존재(天民)"이므로 누구라도 그 생명을 함부로 다루어서는 안됨을 엄중하게 지시했다.

"우리나라의 노비의 법은 상하의 구분을 엄격하게 하기 위한 것이다. 삼강오륜이 이것으로 말미암아 의지할 바를 더하는 까닭에, 노비가 죄가 있어서 그 주인이 그를 죽인 경우에 논의하는 사람들은 상례처럼 그 주인을 추어올리고 그 노비를 억누르면서, 이것은 진실로 좋은 법이고 아름다운 뜻이라고 한다. 그러나 상주고 벌주는 것은 임금된 자의 대권이건만, 임금된 자라도 한 사람의 죄없는 자를 죽여서, 선한 것을 복(福)주고 지나친 것을 화(禍)주는 하늘의 법칙을 오히려 함부로 하지 못하는 것이다. 더욱이 노비는 비록 천민이나 하늘이 낸 백성 아닌 이가 없으니(奴婢雖賤 莫非天民). 신하된 자로서 하늘이 낳은 백성을 부리는 것만도 만족하다고 할 것인데, 그 어찌 제멋대로 형벌을 행하여 무고한 사람을 함부로 죽일 수 있단 말인가? 임금된 자의 덕은 살리기를 좋아할 뿐인데(人君之德 好生而已), 무고한 백성이 많이 죽는 것을 보고 앉아서 아무렇지도 않은 듯이 금하지도 않고 그 주인을 추어올리는 것이 옳다고 할 수 있겠는가. 나는 매우 옳지않게 여긴다."(세종26/윤07/24)

여기서 확인되는 바는, 노비가 잘못했다 하여 그 노비를 양반 주인이 사사로이 벌주다가 죽인 사건을 보고 받고, 세종은 이를 심각하게 문제시하고, 노비가 비록 천민(賤民)이나 하늘이 낸 백성이 아님이 없으니(莫非天民),[13] 신하된 자로서 하늘이 낸 백성을 부리는 것만도 만족하다고 할 것인데, 그 어찌 제멋대로 형벌

---

13) 맹자도 일찍이 "모든 백성은 하늘이 낳았다(天生蒸民)"고 말했다. 〈孟子〉, 告子章句上 6.

을 행하여 무고한 사람을 함부로 죽일 수 없다면서 엄히 꾸짖고 그 책임을 추궁했다는 사실이다.

그리고 세종대왕은 "임금의 자리는 하늘을 대신하여 만물을 다스리는 존재(人君之職 代天理物)"(세종06/06/16; 세종09/08/29)로 생각하고, 스스로를 지상에서 하늘을 대신하여 만물을 다스리는 존재로서 그 소임을 맡은 당사자로 간주했다. 물론 이러한 사상은 이미 정도전이 〈조선경국전〉에서 "인군(人君)은 천공(天工)을 대신하여 천민(天民)을 다스리니"[14]라고 언명한 바 있어 조선초기에는 적어도 치자계급 사람들 사이에는 일상화된 것이고 공통된 것이었음을 알 수 있다. 그리고 세종대왕은 재위하여 정사를 돌보고 시행하는 동안 여러 차례에 걸쳐 내가 "하늘을 대신하여 만물을 다스리니 마땅히 하늘의 도를 순종해야 한다(代天理物 當順天道)"(세종12/03/02)고 밝혔다. 그리고 만약 군주가 천도(天道)를 경시하고 실천하지 않으면 "천재(天災)와 가환(家患)이 지속된다"(세종28/03/13)고 생각했다.

그래서 세종대왕은 백성을 자신에게 맡긴 하늘앞에서 "범사에 최선을 다하면 이루지 못할 것이 없다(凡事專心則無不成)"(세종12/09/11)는 자세로 정사에 성실하게 임했으며 이로써 "하늘을 감동시키고자(感激於天心)"(세종08/02/26) 하였다. 세종은 "자연재앙은 인력으로 어찌할 수 없으나, 식량을 '배포(配布)'하고 각종 필요한 '조치'(措置)를 취하는 일은 사람의 힘으로 가능하다"(세종19/01/12)고 생각하여 매사에 최선을 다하고자 하였으며, "내몸이 수고로움을 당하여 편안한 것을 뒷사람에게 물려주라"(세종28/06/18)는 옛 가르침을 실천하고자 했다. 그리고 세

---

14) 정도전 저, 윤남한 외 역, 『국역 삼봉집』 2, 민족문화추진회 편, 고전국역총서 121, 솔, 1977, p.238.

종은 "대개 일을 쉽게 생각하면 성공하지 못하나, 그 일을 어렵게 여겨서 하는 이는 반드시 성공할 것이니 너는 그것에 힘쓰라"(세종09/12/08)라고 한 말에서 알 수 있듯이 정치를 어렵게 생각하고 매사에 신중한 자세로 임했다.[15]

세종대왕은 왕위에 오른 뒤 하늘이 자신에게 맡긴 "천민(天民)"으로서 모든 "백성(百姓)은 나라의 근본(根本)이니, 근본이 튼튼해야만 나라가 평안하게 된다. 내가 박덕한 사람으로서 외람되이 생민(生民)의 주가 되었으니, 오직 이 백성을 기르고 어루만지고 달래주는 방법만이 마음속에 간절하다"(세종05/07/03)고 겸손하게 자신을 낮추었다. 또한 세종은 "제왕(帝王)의 도는 크게 공정(公正)하여 여러 사람의 마음에 순종할 뿐이니 인심(人心)에 순종하는 것이 바로 하늘에 순종(順從)하는 것이요 하늘의 보는 것은 우리 백성의 보는 것에서 시작되고, 하늘의 듣는 것도 우리 백성의 듣는 데서 시작된다(帝王之道, 廓然大公, 以順人爲心而已.順人心, 卽所以順天也.天視自我民視, 天聽自我民聽)"(세종03/09/07)고 함으로써 민심이 곧 천심임을 적극적으로 인정하였다. 그는 또 "임금의 직책은 하늘을 대신하여 만물을 다스리는 것이다. 만물이 그 처소를 얻지 못하여도 오히려 대단히 상심할 것인데 하물며 사람에 있어서랴. 진실로 차별없이 만물을 다스려야 할 임금이 어찌 양민(良民)과 천민(賤民)을 구별해서 다스릴 수 있겠는가"(세종09/08/29)라고 함으로써 하늘이 낳고 맡긴 백성을 다스림에 있어 신분적 차별이 있을 수 없음을 다시 확인하고 강조했다.

그러면서 세종대왕은 "나라를 다스리는 법은 [국민들에게] 민

---

15) 이 말은 세종대왕이 칠원 현감 양봉래(梁鳳來)를 임지로 보내면서 이른 말이다. 박현모, 앞의 책(2008), pp.366~370 참조.

음을 보이는 것이 가장 중요한 것이다(爲國之道 莫如示信)"(세종 07/04/14)라고 강조하면서, 주변신료들과 어떻게 하면 "백성을 사랑하는 정치(愛民之政)"(세종09/11/11) 혹은 "백성을 살리는 정치"(生民之政)(세종18/07/21)를 행할 수 있을 지를 검토하게 했다. 그는 일찍이 백성들이 "원통하고 억울한 처지를 면하게 하여, 전리(田里)로 하여금 근심하고 탄식하는 소리가 영구히 끊어져 각기 생생(生生)하는 즐거움을 이루도록 할 것이다(以亦免於怨抑, 使田里永絶愁嘆之聲, 各遂生生之樂)"(세종05/07/03)라는 포부를 밝혔으며, 관리들이 무슨 일을 하든지 구체적으로 "백성을 기쁘게 할 일(悅民之事)을 궁리하라"(세종26/07/10)고 지시했다. 세종대왕 재위 32년을 기록한 실록과 그에 관한 최근의 연구들을 검토해 볼 때, 최고지도자로서 세종대왕의 "보살핌"의 정치는 무엇보다도 백성들의 생명을 중시하는 그의 인본주의적 정치, 백성들의 마음까지 헤아리며 구체적인 삶의 문제들을 해결하는 정치, 그리고 백성들의 교화와 소통을 고무하는 정치 등 적어도 세 가지 차원에서 행해졌던 것으로 드러나는 바, 이에 대해서는 다음에 이어지는 장들에서 상론할 것이다.

Ⅲ. 생명존중(生命尊重)의 정치

세종대왕은 신분적 지위와 관직의 고하를 불문하고 백성 개개인들을 하나의 귀중한 생명(生命)으로 차별없이 중시(重視)하고 존중(尊重)했다. 예컨대, 세종대왕은 자신의 동생인 성녕대군이 병이 들어 앓아 누워있을 때, 지극정성으로 간병하였을 뿐 아니라 부모에 대한 효도에도 그르침이 없었다. 그는 대군 시절 착한 경안공주와 함께 궐내에서 어진 왕자로 소문이 나서 구호품을 제대로 공급을 받지 못한 걸식자들이 담당 관서에 가지않고 충녕대군을 찾으며 도움을 요청하기도 했다.[16] 세종대왕은 노비 (奴婢)들이 임신한 몸으로 일하다가 몸이 지치면 미처 집에 이르기 전에 아이를 낳을 수 있으니 임신하면 1개월간 복무를 면하게 해주고 1주일밖에 안되던 출산휴가를 100일로 늘려주었다(세종 12/10/19). 나중에는 그 남편들에게도 한달간의 출산휴가를 주도록 조치했다(세종16/04/26). 또 죄수(罪囚)들도 사람이니 더울 때에는 감방에 물항아리를 넣어주고 물을 자주 갈아주어 손을 씻게 하고 더위를 먹지 않게 하였고(세종30/07/02), 매월 한 차례 머리를 감게 했으며, 겨울인 10월부터 정월까지는 옥안에 짚을 두텁게 깔게 했다(세종30/08/25).

집현전 응교(應敎) 권채가 여종 덕금을 첩으로 삼았는데 그의 아내가 이를 질투하여 덕금에게 억울한 누명을 씌워 가두고 심한 고문을 했을 뿐 아니라 강제로 오물섞인 구더기까지 먹게하는 악행을 저질렀다. 이를 보고받은 세종은 "비록 계집종일지라도 이미 첩이 되었으면 마땅히 첩으로 대우해야 할 것이며, 그 아내 또한 마땅히 가장의 첩으로 대우해야 할 것인데, 그의 잔인 포학함이 이 정도니 어떻게 그를 용서할 수 있겠는가?"(세종09/09/04) 라면서 권채를 형벌로 신문해서라도 자백을 받으라고 지시했다. 또 세종은, 자기가 부리던 종을 사사로이 벌을 주고 때려 숨지게 한 최유원을 국문하라고 형조(刑曹)에 명령하면서, "형률에, '주인으로서 노예(奴隷)를 죽인 자는 죄가 없다'고 했으니, 이는 윗사람과 아랫사람의 분별을 엄하게 한 것이며, 또 '주인으로서 노비(奴婢)를 죽인 자는 장형(杖刑)을 받는다'고 했는데, 이는 사람

---

16) 박영규, 『한권으로 읽는 세종대왕실록』, 웅진지식하우스, 2008, p.26, 29 참조.

의 목숨을 소중히 여기는 것이다. 노비도 사람인즉(奴婢亦人也) 비록 죄가 있더라도 법에 따라 죄를 결정하지 않고, 사사로이 형벌을 혹독하게 하여 죽인 것은 실로 그 주인으로서 자애(慈愛) 무육(撫育)하는 인덕(仁德)에 어긋나니, 그 죄를 다스리지 않을 수 없다"(세종12/03/24)고 말했다.

그리고 세종은 형벌담당 관리들이 백성들의 조그마한 과실 때문에 "등에 매질"하는 것을 엄금하였고(세종02/11/05), "죄의 경중에 상관없이 과도하게 채찍을 사용하는 폐단"을 시정하고 설령 불가피할 경우라도 "참혹하게 형벌을 쓰지 말라"고 명하였다(세종17/09/30). 또 나중에는 "옥이라는 것은 본래 악한 것을 징계하자는 것이요, 사람을 죽게 만드는 것이 아니다"라면서 각종 과도한 형벌과 잘못된 교도행정으로 생명을 잃는 사건이 발생하면 즉시 왕에게 보고토록 하였으며(세종19/01/23), 옥중 치사사건이 발생하면 그 죄인의 "죄명과 처음 가둔 월일과 병에 걸린 일시와 치료한 약과 병증세와 신장(訊杖)의 때린 횟수와 죽은 일시를 모두 기록하여 형조에 문서를 이송하고, 또 따로 [왕에게도] 보고하는 것을" 정례화하라고 지시하였다(세종17/09/30). 그리고 이처럼 깊은 배려와 관심에도 불구하고 죄수가 옥중에서 죽었다는 보고를 듣고 세종대왕은 "형벌이 적당하지 못했던가, 보석을 때맞추지 못하여 죽게 되었는가, 나는 지금 매우 불쌍히 여긴다"(세종22/08/29)라면서 죄수의 죽음을 안타까워했다.

그런가 하면 세종대왕은 지역의 주민에게 억울한 누명을 씌운 평안도 절제사 윤하를 문죄하였고(세종04/12/11), 정작 왕인 자신을 나쁘게 말한 백성들은 용서하는 아량을 베풀었다.[17] 그리고 노인을 공경하는 "양로(養老)"의 정치를 실천하였는 바, 90세 이

---

17) 박현모, 앞의 책(2008), p.333 참조.

상의 신분 있는 노인에게 봉작(封爵)과 관직을 제수하였고, 천민(賤民)인 노인에게는 쌀 2석씩 내려주었고 100세 이상의 노인에게는 천민을 면하게 해주었다(세종17/06/21). 그래서 재위 22년 근정전에서 열린 양로연에서는 신분 높은 노인들이 왕에게 헌수(獻壽)하였고, 뜰 아래의 신분 낮은 노인들은 "일어나서 춤을 추는 자가 있었다"(세종22/09/06). 6일 후 왕비가 사정전(思政殿)에서 여성들을 대상으로 양로연을 베풀자 역시 "술자리가 한창 벌어지자, 늙은 할미 중에 일어나서 춤추는 사람이 있었다"(세종22/09/12). 한편 세종대왕은 버려진 아이들을 학대하는 일을 금하였고, 또 제생원(濟生院)으로 하여금 이들을 간수하여 잘 관리하고 양육하도록 지시하였다. 그 뿐 아니라, 기아를 거두어 "기르기를 자원하는 자가 있으면, 그가 거주하는 마을 이름과 성명 및 어린이를 주고받은 연월일을 문서에 명백하게 기재하여 마음껏 기르도록 하고, 그 양자(養子)는 받아 기른 사람에 한해서 그 요역(徭役)을 자기가 대신하여 은공(恩功)을 갚도록" 하는 등 세심한 관리에 힘썼다(세종20/03/20). 그 뿐 아니라, 세종대왕은 가난하여 혼기를 놓치고 혼인을 못한 사람은 내외의 친족들이 보살펴 혼인을 준비할 수 있게 하고 곤궁함이 극심한 사족(士族)의 딸에게는 관청에서 곡식을 주어 혼인할 수 있게 했다(세종17/09/29).

이렇게 생명을 지닌 모든 백성들을 귀하게 여기고 존중하는 세종대왕의 태도와 정치적 실천은 근대서양의 천부인권사상(天賦人權思想)에서 비롯된 것이 아니었다. 다만 세종대왕의 이같은 인간 생명존중의 정치는 지상에서 하늘을 대신하는 존재인 군왕이 모든 백성을 하늘이 맡긴 "천민(天民)"으로 간주하고 또한 백성을 국가의 근본으로 여기는 유교적 민본(民本)의 전통에서 비롯된 것이라 할 것이다. 그리고 이러한 유교적 민본사상에서 비롯된 세종대왕의 생명존중 원칙이 신분상의 차이, 성별 차이, 연령의 노소, 등에 따른 차별이 없이 적용되고 그 실천적 내용이 구미의 사회복지정책과 대차가 없음을 주목할 때, 세종대왕의 생명존중 원칙과 그 정책적 실천내용들은 오늘날에도 충분히 평가받을 만한 것이라 할 것이다.

Ⅳ. 민생해결(民生解決)의 정치

세종대왕은 하늘로부터 위임받은 귀한 존재인 백성들이 안전하고 마음 편하게 살 수 있도록 도모하는 일, 즉, 민생해결(民生解決)에 최선을 다했다. 그는 "백성을 구제할 방법을 항상 가슴에 생각하라. 옛날에는 백성에게 예의염치(禮義廉恥)를 가르쳤으나, 지금은 의식(衣食)이 부족하니 어느 겨를에 예의를 가르치겠느냐. 의식이 넉넉하면 백성들이 예의를 알게 되어, 형벌에서 멀어질 것이다(衣食足則民知禮義, 而遠於刑辟)"(세종07/12/10)라고 생각하였던 것이다. 그는 또 국가안보가 중대한 과제이기는 하나 백성들의 생활이 그것 때문에 지장을 받지 않도록 챙기면서 "군사의 일이 가장 긴요하기는 하나 백성을 [온전하게] 다스리는 일이 [더] 중하다(兵事雖最緊, 牧民爲重)"(세종09/11/24)했다. 세종이 즉위한 다음 해에 한 다음과 같은 언급은 그가 백성들의 식생활에 얼마나 마음을 기울이며 정사에 임했던지를 알 수 있는 대목이다.

"백성은 나라의 근본이요, 밥은 백성의 하늘이다(民惟邦本, 食爲民天). 요즈음 홍수 · 가뭄 · 태풍 · 우박의 재앙으로 인하여, 해마다 흉년이 들어 외롭고 의지할 데가 없는 자와 궁핍한 자가 먼저 그 고통에 처하고, 떳떳한 일자리를 갖고 있는 백성들까지도 역시 굶주림을 면치 못하니, 너무도 가련하고 민망하다. 호조에 명령하여 창고를 열어 구제하게 하고, 연달아 관리를 파견하여 나누어 다니면서 조사하게 한 바 수령으로서의 백성의 쓰라림을 돌아보지 않는 자도 간혹 있으므로, 이미 유사로 하여금 죄를 다스리게 하였다. 슬프다, 한 많은 백성들이 굶어 죽게 된 형상은 부덕한 나로서 두루 다 알 수 없으니, 감사나 수령으로 무릇 백성과 가까운 관원은 나의 지극한 뜻을 받들어 밤낮으로 게을리 하지 말고 한결같이 그 경내의 백성으로 하여금 굶주려 살 터전을 잃어버리지 않게 유의할 것이며, 외딴 촌락에까지도 친히 다니며 두루 살피어 힘껏 구제하도록 하라. 나는 장차 다시 조정의 관원을 파견하여, 그에 대한 행정 상황을 조사할 것이며, 만약 한 명의 백성이라도 굶어 죽는다면, 감사나 수령이 모두 교서를 위반한 것으로 보고 죄를 논할 것이다"(세종01/02/12).

세종대왕은 그리하여 정초(鄭招)에게 명하여 전국각지의 농사법(農事法)을 모아 〈농사직설〉을 편찬하고 보급함으로써 보다 많은 식량생산을 도모했다. 그리고 측우기(測雨器)같이 농사에 긴요한 각종 과학기구들을 발명, 제작하여 보급했고, 또 가뭄극복책의 일환으로 일본에서 수차(水車)를 도입하여 보급했다. 또 가뭄이 심하게 들어 굶어죽는 백성들이 많아지자 "임금이 덕이 없고, 정사가 고르지 못하면, 하늘이 재앙을 보여 잘 다스리지 못함을 경계한다(人主不德, 布政不均, 則天示之災, 以戒不治)"(세종05/04/25)면서 자신을 책망하였다. 또 재위 15년에는 백성들이 질병으로 고생하고 죽어가자 이를 방지하고자 유효통(兪孝通)과 노중례(盧重禮)에게 명하여 우리나라 고유의 의서와 중국의 의서를 두루 참고하여 〈향약집성방(鄕藥集成方)〉을 편찬하게 했고, 재위 27년에는 집현전 학사들과 의관들에게 명하여 국내외 의서 153종을 모두 참고하여 종합의서인 〈의방유취(醫方類聚)〉를 편찬하게 했다.[18] 그리고 남녀분별로 남자의사로부터 치료를 제대로 받지 못하는 부녀자들을 위해 충청, 전라, 경상지역에서 선발한 관비들을 제생원(濟生院)에서 훈련시켜 의녀(醫女)로 만든 다음 해당지역으로 다시 파견하여 부녀자들을 치료하게 했다(세종 05/12/04).

세종은 또 여진족과 왜의 침입을 막아 국토를 튼튼히 지키고 백성들의 생활을 편안하게 하기 위해 사대교린 원칙에 충실한 다양한 외교, 국방정책들을 실천하였다.[19] 그는 무엇보다도 명에 대한 지성사대(至誠事大)를 강조하고 실천하였다. 그가 "중국이 우리나라와 서로 한 집 같이 합하여 정답고 친함이 지극하나, 사람의 사귐이란 친하면 반드시 벌어져서 틈이 생기는 것이(親則必疎) 자연의 이치다. 이제 사신을 대접함에 있어 서로 친함만 믿지 말고 더욱 예도와 공경을 갖추어 대접해야 옳다"(세종13/07/15)고 한 것이나, 조선개국 이후 선왕들이 모두 명황제를 공경하고 섬기기를 다했고 세종 자신도 지성껏 섬겨, 명으로부터 칭찬도 많이 받고 또 명으로부터의 칙서도 정녕(丁寧)하고 간절함이 지극함에 이를 정도가 되었으나 "만일 법에 어긋남이 있게 되면, 아홉길 되는 산을 만들다가 한 삼태기의 흙을 잘못함으로 공이 깨어지게 되어 반드시 천하 사람의 웃음거리가 될 것이니"(세종 14/11/18)라고 경계한 것은 그가 사대에 지극정성으로 임했음을 보여주는 대목들이다.

동시에 세종은 군사훈련과 국방에 관련된 각종 정책들을 집요하게 추진했다. 예컨대, 격구(擊毬)를 유희라고 비난하는 사대

---

18) 〈의방유취〉는 그 양이나 질적인 측면에서 동양의학의 결정판으로 평가되고 있다. 김두종, 『한국의학사』, 탐구당, 1979, pp.221~226 참조.
19) 정윤재 외, 앞의 책(2006), pp.353~368 참조.

부들에 대해 세종대왕은 "내가 임금이 되기 전에 일찍이 이 일을 시험하여 보았는데, 참으로 말타기를 익히는데 도움"이 되었다면서 "내가 이것을 설치한 것은 유희를 위한 것이 아니고 군사로 하여금 무예를 익히게 하고자 한 것"(세종07/11/20)이라고 반박했다. 그리고 재위중반부부터는 격구를 하며 기사(騎射), 기창(騎槍), 화포발사(火砲發射) 등 각종 군사훈련을 함께 실시하였다(세종16/03/15).[20] 또 오랑캐와 왜의 침입이 줄어들어 나라가 편안해졌을 때, 오히려 상무(尙武)에 충실하고 외침에 대비(對備)해야함을 늘 강조하였고(세종12/05/16), 민폐를 이유로 성보(城堡)의 구축을 연기하자는 의론에 국방의 문제는 미룰 수 없다며 수락하지 않았다(세종12/09/02). 그 뿐 아니라 세종대왕은 예컨대, "나의 생각으로는 화포를 말에 싣고 한 사람이 타며, 화포를 쏘는 사람도 말을 타고 전장에 들어가서는, 말에서 내려 화포를 쏘면 잘 쏠 수 있을 것이라"(세종15/01/15)하여 결국 이천으로 하여금 이동식 화포를 개발하게 했다. 또 파저강토벌과 함경도 북부 4진 개척을 반대하는 신하들의 주장을 물리치고 "조종께서 지키시던 땅은 비록 한뼘의 땅[尺地寸土]이라도 버릴 수 없다"는 원칙에 따라 4군6진을 설치하여 북방경계를 확고하게 만들었다.[21]

한편 세종대왕은 민생을 물질적 조건의 충족이나 사대교린 및 국방정책 그 자체로만 국한시키지 않고 그러한 정책들이 시행되는 과정에서 백성들이 정신적으로 편안하게 해주기 위해서 백성들의 믿음과 기대에 어긋나지 않도록 정사를 돌보는 일에 성실하였다. 세종은 "하늘의 뜻을 사람이 돌이킬 수는 없으나, 인력(人

---

20) 박현모, 앞의 책(2008), p.440.
21) 박현모, 앞의 책(2008), pp.444~445 참조.

力)으로 할 수 있는 것은 마음을 다해서 하라(天意非人可回, 其在人力可爲者, 盡心爲之)"(세종13/05/02)하면서 가뭄극복 등 각종 정책들을 집행하는 가운데 백성들의 마음까지 헤아려 그들에게 임금이나 정부를 믿고 따르게 하는 일에도 최선을 다했다. 예컨대, 세종은 자신이 궐밖에 나가 가뭄으로 고생하는 백성들을 살필 때 그는 일산(日傘)을 쓰지 않았고, 진상품을 반으로 줄이거나 금지시켰다. 또 세종은 자신에게 아부하거나 왕 자신의 공을 지나치게 과장하거나 추켜세우는 불합리한 일을 엄격하게 다스림으로써 군왕에 대한 오해나 불신의 소지를 없앴다.[22] 예컨대, 재위 19년에 경기관찰사 김맹성이 유난히 이삭이 많이 달린 보리를 보고 "이것은 성인의 덕화가 만물을 두루 적신 때문"이라고 하자, 세종은 그에게 "이처럼 아름다움을 과장하는 일을 내가 심히 부끄럽게 여긴다"라고 대응하면서 그렇다면 더 좋은 보리 종자를 만들어 내어 바치라고 지시했다(세종19/05/08). 또 재위 14년 10월, 〈삼강행실도〉 서문에 자신의 덕을 칭송한 부분에 대해 세종은 "나는 나의 덕이 [周南이나 召南보다] '멀고 길다(遠邁)'는 말은 너무 지나친 칭찬이라고 생각한다"면서 이를 고치게 하여 신하들은 그 뜻을 받들어 '멀고 길다'는 부분을 '양보할 것이 없다(無讓)'라고 고쳤다. 아울러 세종은 "예로부터 신하가 임금을 기리는 것이 실제 모습보다 지나치고 아름다움이 도에 넘치는 경향이 있다"면서 그것을 조심해야 한다고 지적하였다(세종14/10/20) 또 백성들의 신뢰를 얻기 위해서 국가의 법은 "모름지기 금석과 같이 굳어야 하고 분분히 변경하지 말아야 하고"(세종12/08/13) "시행할 수 없는 법은 세울 수 없다"(세종25/09/02)

22) 박현모, 앞의 책(2008), p.456.

고 강조하였다.[23] 또 아악과 향악을 재정비하여 백성과 신료들의 마음을 위무하고 편안하게 만들고자 하였다.[24]

이로써 세종대왕은 일찍이 공자가 말한 "백성을 먹여 살리고, 국방을 튼튼히 하며, 백성들의 믿음을 굳건히 한다"[25]라는 국가경영의 원칙에 충실했던 군주였음을 알 수 있다. 다시 말해, 세종대왕은 경제와 군사와 관련된 각종 정책들을 강구하고 실천하면서도 자신의 언행을 삼가고 자신주변을 성실하게 관리함으로써 국민들의 마음을 사고 또 국민들과의 신뢰관계를 유지하는 데 힘썼다.[26] 요컨대, 세종대왕이 실천했던 이상과 같은 민생해결의 정책들은 성공적인 국가경영을 위해서는 경제정책과 국방정책을 통한 이른 바 "하드파워"의 강화유지 뿐 아니라, 국민들과의 신뢰관계와 연대의식의 형성에 유리하고 필수적인 "소프트파워"의 생산유지가 동시에 중요함을 시사하는 귀중한 역사적 사례라 할 수 있다.

V. 교화소통(敎化疏通)의 정책

세종대왕은 스스로 국왕이라는 자리가 단순한 지배군림을 위

---

23) 박현모, 앞의 책(2008), pp.357~359 참조.
24) 박현모, 앞의 책(2008), pp.431~432 참조.
25) 이러한 세종의 민생해결의 국가경영은 〈論語〉에 나오는 "足食, 足兵, 民信之矣"를 다시 생각하게 한다.
26) 정도전의 〈조선경국전〉 중 '보위를 바룸(正寶位)'편에 보면, "하민(下民)은 지극히 약하지만 힘으로 위협할 수 없고, 지극히 어리석지만 지혜로써 속일 수 없는 것이다. 그들의 마음을 얻으면 복종하게 되고, 그들의 마음을 얻지 못하면 배반하게 된다 그들이 배반하고 따르는 그 간격은 털끝만큼의 차이도 되지 않는다. [그들의 마음을] 얻는 방법 역시 인(仁)일 뿐이다"라고 나와있는 바, 세종대왕도 이 점을 명심했던 것으로 볼 수 있다.

해서 만들어진 것이 아니고 백성들을 교화(教化)하여 그들이 뜻을 펴고 하고자 하는 바를 제대로 할 수 있도록 도와주는 것이 마땅하고도 중요한 소임으로 생각했던 군주였다. 즉, 그는 "원래 백성들은 스스로 하고자 하는 일이 있으되 왕이 없이 그대로 놔두면 혼란에 빠지게 되느니, 이에 반드시 임금을 세워 그들을 다스리게 했다(民生有欲無主乃亂 必立軍長而治之)"(세종13/06/20)고 함으로써 그는 한 국가의 근본인 백성들이 먼저 존재하고 각자의 소욕대로 살고 있음을 인정하고, 다만 지도자로서 임금이 없으면 혼란과 불편이 생기니 이를 최소화하기 위해 임금이 세워졌다고 생각했던 것이다. 그래서 세종대왕은 먼저 백성들을 교화하여 무지몽매(無知蒙昧)로부터 해방(解放)시키고 상호소통(相互疏通)케 하여 정치, 사회적 억울함과 생활의 불편함을 최소화(最小化)하여 그들이 사람다운 사람으로 살게 하는데 힘썼다.

세종대왕이 백성교화의 필요성을 절감하게 된 계기는 진주사람 김화(金禾)가 아비를 살해했다는 소식이었다. 이는 그로 하여금 "깜짝 놀라 낯빛이 변하고 곧 자책"하게 할 정도의 대사건이었다. 세종은 즉시 신하들을 소집하여 효제(孝悌)를 돈독히 하고 풍속을 돈후(敦厚)하게 할 방책을 논의했는데, 그것은 태종대에 나왔던 〈효행록〉을 널리 활용하는 것이었다. 그는 이미 나왔던 〈효행록〉의 24인에 20인을 더하고, 삼국시대와 고려시대의 사례들도 보태어 증보편찬하여 배포하도록 지시했다. 세종은 "이것이 폐단을 구하는 급무(急務)는 아니지만, 교화(教化)를 위해 먼저 해야 할 것(차수비구폐지급무 연실교화소선)" 즉, 윤리파탄의 문제를 해결하는 선무(先務)로 보아 명을 내렸던 것이다(세종10/10/03). 그리고 4년 후에는 모든 교화의 근본인 효도(孝道), 충성(忠誠), 그리고 정렬(貞烈)에 해당되는 110인의 사례를 모아 그림까지 그려넣어 〈삼강행실도〉를 간행했고(세종14/06/09; 세

종15/02/24), 훈민정음을 반포한 이후에는 〈삼강행실도〉를 훈민
정음으로도 펴내어 보다 많은 백성들을 교화하고 범죄와 인륜질
서 파괴를 막고자 했다.[27]

　　다음으로 세종대왕은 여러 가지 방법들을 동원하여 백성들
의 억울함을 풀어주고 그들이 보다 나은 환경에서 소통하며 살
수 있도록 돌보는 것이 정치의 근본이라 생각했던 군주였다. 예
컨대, 허조가 억울한 일을 당한 백성들이 수령을 고소하는 것
을 금지했던 수령고소금지법의 개정을 반대하자, 지신사 안숭선
이 "정치하는 도리는 아랫 백성의 심정이 위에 통하게 하는 것
(爲政之道, 使下情上達)입니다. 〈서경〉에서 말하기를 '필부필부
가 그 뜻을 충분히 펴지 못하게 되면, 남의 임금된 자는 함께 더
불어 그 공을 이룰 사람이 없을 것입니다(匹夫匹婦不獲自盡, 民
主罔與成厥功)'"라면서 "천하에 어찌 원억함을 호소하는 소송을
수리하지 않는 정치가 있겠습니까?(古今天下, 安有小民不言冤抑
之理乎?)"라고 발언하자, 세종대왕은 안숭선의 말이 곧 자신의
마음에 부합한다하며 수령고소금지법의 개정을 명하였다(세종
15/10/23).[28]

　　그리고 세종대왕은 "우매한 백성들이 말하고 싶은 것이 있어
도 그 마음을 잘 표현하지 못하는 사람이 많으므로, 이를 딱하게
여겨 어리석은 백성에게 문자를 마련해 주려는"[29] 생각에서 훈
민정음을 창제했다. 그러나 보다 직접적으로는 법을 몰라 억울
한 옥살이를 하는 백성들의 고통을 덜어주기 위한 세종대왕의 배

---

27)　유미림, 「세종의 한글 창제의 정치」, 『세종의 국가경영』, 2005, p.95 참조.

28)　수령고소금지법의 개정에 대해서는, 정윤재, 「세종대왕의 수령고소금지법
　　　개정과 '공공함'의 정치」, 한국학중앙연구원 주최 한중일 공공의식 비교연
　　　구 국제학술회의(2013.10.1~2) 발표논문 참조.

29)　정인지, 『훈민정음 해례본』; 유미림, 앞의 책(2006), p.94에서 재인용.

려에서 훈민정음이 창제되었다. 즉, 훈민정음은 "모름지기 여염집 무지렁이 백성들로 하여금 금법(禁法)을 알게 해서 두려워 피하게 하는 것이 옳겠다"면서, 그렇지 않고 백성들이 모르는 한자로 된 문서로 집행되는 형정(刑政)은 "조삼모사(朝三暮四)의 술책(術策)에 가깝다"(세종14/11/07)는 세종대왕의 진지한 문제의식에서 비롯된 것이었다. 그가 신문고(申聞鼓)나 격고(擊鼓)를 통해 들어오는 백성들의 소리에 귀를 기울이는 일을 소홀히 하지 않았던 것도 백성들의 억울한 사정을 해소하거나 최소화하고자 했던 때문이었다.[30]

또 세종대왕은 백성들이 내는 조세(租稅)에 관한 법인 공법(貢法)을 새로 정하는 과정에서 한양과 궁내는 물론 전국 각지의 양반들과 일반백성들의 여론을 들어 시행하였고,[31] 언제나 토론을 하며 경청(敬聽)하기를 힘썼다. 세종대왕은 즉위한 다음 날인 1418년 8월 12일, 첫 번째 어전회의에서 좌의정, 우의정, 이조, 병조의 당상관과 함께 "의논하여 벼슬을 제수하겠다"고 말함으로써 신료들의 사기를 높였다.[32] 그리고 세종대왕은 "자신이 궁중에서 자라 잘 알지 못하니 백성들의 이해관계 관련 등 세세한 것을 아뢰라"(세종03/01/03)고 지시했다. 그리고 세종대왕은 언제나 충분한 토론을 거쳐 국사를 결정하였고, 또 토론과정에서 좋은 의견에는 언제나 찬동하고 그 의견을 말한 신하에게 힘을

30) 정윤재, 앞의 책(2007); 정윤재 외, 앞의 책(2006), pp.353~368.
31) 공법개정과정에 대한 상세한 연구로는 박현모, 『세종의 공론형성과 국가경영: 공법 도입과정을 중심으로』; 정윤재 외, 앞의 책(2006), pp.221~250이다.
32) 세종대왕의 이 말에 하연이 아뢰기를, "상왕께서 일찍이 경덕궁에서 정승 조준 등과 상서사 제조와 함께 논의하여, 벼슬을 제수하시었사온데, 이제 전하께서 처음으로 정치를 행하심에 있어, 대신과 함께 의논하옵심은 매우 마땅하옵니다"면서 기뻐하였다. 한국학중앙연구원 세종국가경영연구소, 제5기 실록학교 교재, 『세종실록 다시 읽기』, 2007, p.24.

실어 주거나 일을 맡긴 다음 전적으로 신뢰하고 일임하였다. 물론 토론과정에서 나오는 반대의견도 경청하며 진지한 토론을 이끌었으며, 반대의견을 제시한 신하를 인간적으로나 정치적으로 함부로 홀대하지 않았다.[33] 세종대왕은 회의과정에서, 첫째, 언제나 곧은 자세로 임했고, 다른 신하들도 그러기를 바랐다. 둘째, 국왕의 잘잘못을 주저말고 모두 직언할 것을 요망했다. 셋째, 긴급상황이 발생했을 때, 한 자리에 모여 의논했다. 넷째, 소수의견도 끝까지 경청하되 한 사람의 말만 가지고 결정하지 않았다. 다섯째, 모든 말을 듣되 그대로 따르지는 않았다. 여섯째, 좋은 의견이 나오면 힘을 실어주고 정책으로 채택했다.[34]

세종대왕의 이러한 교화소통의 정치는 "큰 가르침의 도는 올바른 정책을 밝히고 널리 펼치는 일이며, 백성들과 친밀한 가운데(親民) 언제나 높은 비전에 마음을 둔다"[35]는 〈대학〉의 이념에 영향을 받고 그러한 비전에 충실하고자 했던 그의 진지한 노력의 소산으로 평가할 수 있다.

Ⅵ. 맺음말: 현대적 함의들

이상에서 살핀 바와 같이, 세종대왕은 그의 "천민/대천이물" 사상에 기초하여 생명존중(生命尊重), 민생해결(民生解決) 그리고 소통교화(疏通敎化)라는 세 차원에 걸친 보살핌의 정치를 실

---

33) 이것은 조선시대의 유교정치가 일정부분 "관용(toleration)"의 정치였다고 평가할 수 있음을 보여주는 사례로 새로운 연구주제가 될 수 있을 것이다. 세종대왕의 토론에 대한 부분은 박현모, 앞의 책(2008), pp.205~231를 참조.
34) 박현모, 앞의 책(2008), p.232 참조.
35) 〈大學〉, 大學之道, 在明明德, 在親民, 在止於至善.

천하였는 바, 이것은 그가 왕위에 오르면서 즉위교서를 통해 "인
(仁)을 베풀어 정치를 펴겠다(施仁發政)"고 밝힌 바의 구체적인
내용이라 할 것이다. 그리고 세종대왕은 유교적 이상에 익숙했던
군주였지만, 임금은 백성들의 삶을 전적으로 좌지우지하는 전제
군주(專制君主)가 아니라, 백성들의 자유롭고 자연스러운 삶이
혼란에 빠지지 않고 유지되게 하는 존재로 간주하면서도 "즉위한
이래 한번도 게으르지 않았으며, 처음부터 끝까지 올바르게 한
임금"(세종32/02/17)이란 평가도 있는 것처럼 정사(政事)에 임
하여 최선을 다하는 정치지도자였다.

　그리고 세종에게 있어서 민본(民本) 혹은 위민(爲民)은 단지
지배를 위한 이데올로기로 그친 것이 아니라 비록 완벽한 것이
라 할 수 없지만 실천 그 자체였다고 말할 수 있다. 즉, 그의 치세
는 공자(孔子)의 덕치사상(德治思想) 혹은 맹자(孟子)의 "백성은
귀하고 임금은 가볍다(民而貴 君爲輕)"로 상징되는 민본사상(民
本思想)의 역사적 실천사례라 할 수 있다. 그리고 그것은 보다 구
체적으로 백성들의 몸과 마음을 편안하게 하는 안민책(安民策)
과 백성들의 존재를 귀하게 여기고 그들과 함께 소통하며 행복을
나누는 여민책(與民策)이 동시에 채용되었던 위민정치였다고 할
수 있으며, 그런 점에서 세종의 치세는 한민족 고유의 정치이념
인 "다사리"이념[36]의 조선적 실천사례이기도 한 것이다.

　그래서인지, 세종은 죽은 이후 명으로부터 백성을 사랑하고
보살피는 데 있어 모범이 될 만한 사례가 업적이 무수히 많다는

---

36) "다사리"이념이란, 모두가 다 말하게 하고(盡白), 다 함께 살게 한다(盡生)는
　　한민족 고유의 정치이념으로 민세 안재홍(1891~1965)이 개념화하였다. 이
　　것에 대해서는 안재홍, 『신민족주의와 시민주주의』, 민우사, 1945; 정윤재,
　　「민세 안재홍의 다사리이념 분석」, 『동양정치사상사』, 제11권 2호, 2012,
　　pp.91~121 참조.

의미에서 "장헌(莊憲)"이란 시호를 받았다.[37] 그리고 그는 후대의 여러 왕들이 본받고자 했던 "준거군주(準據君主)"였고,[38] 현대에 와서도 세종의 치세와 업적은 "문화창달(文化暢達)과 민생애육(民生愛育)의 생명수(生命水)"[39]와 같다는 평가를 받았다. 이러한 세종의 "보살핌"의 정치가 지니는 현대적 함의는 다음 세 가지로 요약될 수 있다.

첫째, 세종대왕이 보여준 "보살핌"의 정치는 비록 왕조시대의 그것이지만, 국민을 섬기고 보살피는 정치란 구호만으로 되는 것이 아니고 국민들의 존재와 위상에 대한 깊고 명료한 인식이 그 바탕이 되어야 한다는 것을 시사하고 있다. 즉, 세종대왕이 백성 모두를 "천민"으로 간주하면서 세밀한 인간존중, 민생해결, 교화소통의 정책들을 실천했던 것처럼, 현대민주주의 정치가 섬

---

37) 그래서 명나라의 여러 여수재(女秀才)들은 "조선국은 임금이 어질어서 중국 다음갈 만하고, … 불교가 여러 나라로 퍼질 때 조선이 거의 중화(中華)가 되려고 하였으나, 나라가 작기 때문에 못하였으며, … 또 이제 만일 조선이 요동을 얻게 된다면 중국도 감히 맞서지 못할 것이다"(세종06/10/17)라고 평가하였다.

38) 세종실록을 집중해서 연구하고 있는 박현모 박사는 세종의 정치를 "초인적인 자기통제력", "인재를 기르고 적재적소에 배치하는 리더십", "숙의의 정책결정 방식", 그리고 "실용적 사대외교를 통한 국익의 확보"로 정리한 다음, 세종의 정치를 한 마디로 "백성들의 평범한 생활을 위한 비범한 노력"으로 규정하였다. 그리고 이러한 세종대왕을 정조는 "준거 군주(reference prince)"로 간주하였음을 지적하였다. 박현모, 앞의 책(2006), pp.162~168 참조.

39) 예컨대, 일찍이 외솔 최현배님은 〈국역 세종실록〉의 출판을 기념하면서 "오백년이나 괴어있던 文化創造 民生愛育의 生命水가 氣勢좋게 콸콸 흘러내려 수만 수천 마지기 논의 벼모가 모두 일제히 生氣를 띠고 자라나고 피어나, 가을 하늘 맑은 바람에 황금의 물결을 이룰 것이니, 이 어찌 오늘날의 우리들만의 기쁨이랴? 無窮無盡히 이어날 배달 겨레의 무수한 뒷줄들이 다 함께 이 惠澤에 沐浴할 것이다. 아아, 시원스럽다. 解放의 기쁨이여!"라고 크게 기뻐하였다. 최현배, 『국역 세종실록』, 서울: 세종대왕기념사업회, 1968, 머리말 참조.

김의 정치로 성공하기 위해서는 무엇보다도 국민 각자를 먼저 공
화국(共和國)에서 주권을 서로 분담공유하고 있는 "주권자(the
sovereign)"로, 혹은 "천부인권(天賦人權)"을 지닌 귀한 존재로
진지하게 인식하는 각성이 필요하다.

둘째, 특히 세종대왕의 "민생해결"의 정치는 경제, 국방과 같
은 물질적, 가시적 측면 뿐 아니라 국민들의 신뢰와 같은 정신적,
비가시적 측면까지도 고려하는 것으로, 이는 오늘날 흔히 '민생'
을 책임지겠다는 정치지도자들의 리더십적 한계와 관료들의 직
무수행태도의 문제점을 분명하게 드러내고 있다. 즉, 세종대왕이
실천했던 "민생해결"의 정치는 오늘날 국민들의 일상생활에 아
무리 좋고 또 합법적인 정책이라 할지라도 그것을 담당한 정치지
도자들이나 관료들이 공동체 차원의 봉사 혹은 서비스라는 기본
원칙과 소명에 충실해야 함은 물론 그 시행과정이 국민들의 편익
을 우선 도모하고 신뢰를 돈독하게 하는 방식으로 이루어져야 함
을 강력하게 권고하고 있는 것이다.

셋째, 세종대왕이 보여준 "보살핌"의 정치는, 민주주의 정부의
소명 중 하나이기도 한 "국민을 위한(for the people)" 정부 혹은
봉사적 정치지도자 역할에 귀중하게 참고될 만한 역사적 사례로
서 현대민주주의에도 시사하는 바가 크다. 즉, 그것은 오늘날 과
도한 권력갈등, 다중의 정치참여와 다수결 원칙, 냉혹한 이해배
분 원칙 등과 같은 요인들로 인해 소홀하게 취급되었던 정치리
더십 혹은 정부관리들의 질적 탁월함 혹은 수월성(excellence)을
구성하는 행동양식 가치들(modal values)"[40] -예컨대, 정직함,
공평함, 헌신, 인본주의, 배려, 약속지킴, 준법 등- 의 중요성을

---

40) 이에 대해서는 정윤재, 『정치리더십과 한국민주주의』, 나남출판, 2003,
　　pp.43~44 참조.

다시한번 상기시켜 주고 있다. 오늘날 한국민주주의의 공고화를 위해서는 제도의 적절성과 권력의 정당성, 그리고 정책의 합법성과 함께 정치인과 공무원들에 의해 이같은 "행동양식 가치들"이 진지하게 실천되어야 하는 것이다.

:: 참고문헌 ::

『論語』

『孟子』

『大學』

세종대왕기념사업회, 『세종장헌대왕실록』, 1968.

김홍우, 『한국정치의 현상학적 이해』, 문학과 지성사, 2007.

박종국, 『세종대왕과 훈민정음』, 세종대왕기념사업회, 1996.

박영규, 『세종대왕실록』, 웅진지식하우스, 2008.

박현모, 『세종, 수성의 리더십』, 삼성경제연구소, 2006.

박현모, 『세종, 실록밖으로 행차하다』, 푸른역사, 2007.

박현모, 『세종처럼: 소통과 헌신의 리더십』, 미다스북스, 2008.

서정민, 『세종, 부패사건에 휘말리다』, 살림, 2008.

세종국가경영연구소, 『세종실록에의 초대』, 제3기 실록학교 교재, 2006.

안재홍, 『신민족주의와 시민주의』, 민우사, 1945.

유미림, 「세종의 한글 창제의 정치」, 『세종의 국가경영』, 지식산업사, 2006.
          pp.79~120.

이숭녕, 『세종대왕의 학문과 사상』, 아세아문화사, 1981.

이한우, 『세종: 조선의 표준을 세우다』, 해냄, 2006.

조남욱, 『세종대왕의 정치철학』부산대학교 출판부, 2001.

정도전 저, 윤한봉 외 역, 민족문화추진회 편, 『삼봉집』 2, 고전국역총서 121, 솔, 1977.

정두희, 「세종조의 권력구조-대간의 활동을 중심으로」, 한국정신문화연구원 역사연구실 편, 『세종조 문화연구』, 박영사, 1982.

정윤재, 「자아준거적 정치학과 한국정치사상 연구: 문제해결적 접근의 탐색」, 『한국정치사상의 비교연구』, 한국정신문화연구원, 1999, pp.3~38.

정윤재, 『정치리더십과 한국민주주의』, 나남출판, 2003.

정윤재, 「전통문화, 리더십, 그리고 정치발전: 반세기 한국민주주의에 대한 새로운 성찰」, 『유교문화연구』, 성균관대 유교문화연구소, 제9집, 2005, pp.175~199.

정윤재, 「한국정치, 국가경영, 그리고 한국정치학」, 한국정치연구서울대학교 한국정치연구소, 제15집 제2호, 2006a, pp.1~20.

정윤재, 「글로벌리즘, 동아시아 지역질서, 그리고 대한민국」, 김영작 편, 『한국 내셔날리즘의 전개와 글로벌리즘』, 백산서당, 2006b.

정윤재 외, 『세종의 국가경영』, 지식산업사, 2006.

정윤재, 「세종의 정치리더십 형성과정 연구」, 『동양정치사상사』, 제6권 1호 2007, pp.5~23.

정윤재, 「민세 안재홍의 다사리이념 부석」, 『동양정치사상사』, 제11권 2호, 2012, pp.91~121.

정윤재, 「세종대왕의 수령고소금지법 개정과 '공공함'의 정치」, 한국학중앙연구원 주최 한중일 공공의식 비교연구 국제학술회의(2013.10.1~2) 발표논문, 2013.

한국학중앙연구원 편, 『세종조 문화연구』 I, 박영사, 1982.

한국학중앙연구원 편, 『세종조 문화연구』 II, 박영사, 1984.

한국학중앙연구원 편, 『세종시대 문화의 현대적 의미』, 박영사, 1998.

한국학중앙연구원 편, 『세종시대의 문화』, 태학사, 2001

Fukuyama, Francis, *State-Building*, 안진환 역, 『강한 국가의 조건』, 황금가지, 2005.

Heywood, Andrew, *Political Theory: An Introduction*, 이종은·조현수 역. 『현대정치이론』, 아카넷, 2006.

Toynbee, Arnold, *A Study of History*, University of Oxford Press, 1972.

Tsurutani, Taketsugu, *The Politics of National Development: Political Leadership in Transitional Societies*, New York: Chandler Publishing Co, 1973.

시오노 나나미(鹽野七生), ローマ人の物語, 김석희 역, 『로마인 이야기』 1, 한길사, 2003.

역사를 만든 혁신의 아이콘

허균
- 『홍길동전』, 새로운 세상을 꿈꾸다 -

설성경 연세대학교 명예교수

▲ 홍길동 테마파크에 조성된 홍길동 집

허균
–『홍길동전』, 새로운 세상을 꿈꾸다–

I. 대표적 사회소설『홍길동전』의 성립 배경

1. 핵심 모델이 된 전남 장성의 실존인물 홍길동

우리들은 최초의 한글소설을 거론할 때, 허균(1569~1618)의 『홍길동전』을 떠올리고, 홍길동의 이미지로는 "동에 번적, 서에 번적"하는 신출귀몰한 도술을 연상하게 된다. 그런데 조금 더 홍길동에 대한 정보를 찾다보면, 그는『조선왕조실록』의 연산군 조에서 1500년 10월에 서울 의금부에 갇힌 한 강도 홍길동에 대한 역사적 사실이 등장하므로 이를 근거로 허균은 연산군대의 강도 홍길동을 모델로 창작한 사회소설, 혁명소설로 인식하게 된다. 그러나 여기서 한 단계 더 전문적인 지식을 찾아나서면, 연산군대 홍길동 이전 시기인 성종시대에 원조 홍길동이 있었다. 원초의 홍길동은 고려시대 중신 홍징의 손자이지만 적자 출신이 아니라 사회적 적응이 어려워서 결국 해외의 율도국으로 진출하여 그곳에서 '오야케 아카하치 홍가와라'라는 이름의 백성들을 위한 민중 지도자로 활동하였던 인물로 평가되고 있다.

2. 홍길동에 전해진 고려 말 장군의 비극과 한

홍길동의 증조부 홍규(?~1316)는 고려 말기의 문신이었다. 그는 인종 때 추성보국공신에 봉해졌으며, 원종 때에는 어사중승이 되었다. 매부인 임유무의 집정기에는 송송례와 함께 자문역할을 하였다. 그는 1270년인 원종 11년에는 원나라에 있던 왕이 출륙 환도를 명하고 귀환할 때 임유무가 왕을 배척하고 항전태세를 갖추자, 왕의 밀령을 받아 송송례 등과 함께 삼별초를 동원하여 권신 임유무를 죽였다. 이어 세자를 수종하여 원나라 수도에 갔는데 원나라 황제의 명으로 고려 1품직에 올랐으며, 원의 좌부승선의 직을 받았다. 귀국해서는 국정의 문란을 혐오하여 사직하였다가 다시 추밀원부사가 되었다. 뒤에 충렬왕과 공주가 양가의 여자를 징발하여 원나라에 보낼 때, 달이 그 대상이 되자 이를 기피한 죄로 해도에 귀양갔다. 결국 두 딸이 모두 원나라에 뽑혀 가고 가산이 적몰되었는데, 중찬 김방경과 그의 종형 홍자번 등이 전일 국가에 큰 공을 세운 사실로 면죄를 간청하여 가산이 반환되고 곧 풀려나, 이듬해 첨의시랑찬성사로 치사하였다. 충선왕이 즉위하자 익성군에 봉해지고, 또 첨의정승 익성군 지익성부사에 올랐다. 1316년 남양부원군 첨의도감사릉을 지낸 후 세상을 떠났다.

홍길동의 조부 홍징은 고려의 충신으로 당시의 권신 염흥방의 매제였다. 1377년인 우왕 3년 서해도 각지를 휩쓰는 왜구를 원수 양백익이 막아내지 못하자, 밀직부사로서 이성계 임견미 변안열 등과 함께 조전원수로 출전하였으며, 뒤에 당산군에 봉해졌다. 1384년 북방에 변방의 사건들이 생기자 정몽주 등과 함께 동북면에 파견되어 사태를 정탐하였고, 이듬해 지밀직사사로 동북면부원수가 되어 원수 심덕부와 함께 홍원 등지에서 왜구와 싸웠다. 1387년 판밀직사사로서 한양부에 파견되어 중흥산성의 형세를 살피기도 하였으나, 이듬해 권세를 누리던 염흥방, 임견미 등이 처형당하자 염흥방의 족당이라는 이유로 그들과 함께 죽음을 당하였다.

홍상직에 관한 기록은 세종 26년에 "홍상직은 경성 절제사 때 기녀 옥영향을 데리고 살았다", "홍상직은 수염이 많고 배가 큰 사람을 상전처럼 모신다", "도절제사 강사덕이 해임되어 서울에 간 후, 방립으로 되돌아와 비밀히 홍상직을 만나다", "옥영향을 추궁하고, 공사에 관련된 자 추문하다"는 기록이 있고, 세조 13년에는 "역적 이시애는 우민을 유혹하여 왕인을 살해하고 횡역한 짓을 하는데, 이는 육진의 병졸을 믿고 하는 짓이다"는 황해도 절도사의 상소 중에, "육진인은 수군를 싫어한다. 홍상직의 경성부사 시절에, 민간에 와전되기를, '홍상직이 모반하므로 남도의 선군이 여러 도에 몰래 정박하고 있다'고 하였다"는 기록이 있다.

이러한 사실은 민중의 의식 속에는 최소한 홍상직이 모반 혐의를 받고 피신하면서 살았을 가능성을 높여준다. 홍길동은 부친이 피신 중에 만난 여인과의 사이에서 태어나, 이복형인 장성의 홍일동 집안에서 생장하였기 때문에, 장성에서는 홍길동 전설이 성립된 것으로 추정하게 된다. 또, 홍길동의 부친인 홍상직의 죽음과 관련된 기사는 『조선왕조실록』 세종조 10년 10월 28일에 '예조에서 경외의 효자·순손·절부를 찾아내어 아룀'의 기록이 있다.

이 문헌 기록과 야사 등을 종합해보면, 홍길동에 대한 전설은 아기장수 전설 등과 교섭되면서 소설 『홍길동전』 이전의 구형의 전설과, 그 이후의 신형의 전설이 지속적인 변이를 보이며 전해진 것으로 판단된다. 이 중에서 구형의 전설은 홍길동이 남양 홍씨 가문의 영광과 한을 겪은 초시대적인 풍운아로서, 강도 장영기 휘하에서 청년 시절을 보내었고, 장년기에 들어서는 진취적 개혁가로서 공동체 사회를 구성하고자 하였으나 끝내 뜻을 이루지 못하고, 유구로 출국을 한 것으로 판단된다.

표1_ 홍길동 가계도-남양홍씨 · 파주염씨 · 고려왕실

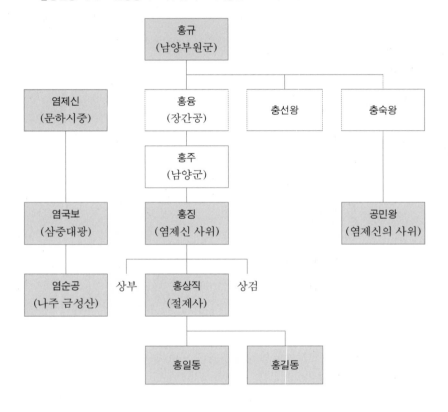

3. 오끼나와에 전하는 홍가와라

일본 오키나와 지역인 팔중산의 석원도에는 오야게 아까하치 홍가와라에 대한 추모비가 있고, 그 비문에는 다음과 같이 기록되어 있다.

⋮

오야케 아카하치(赤蜂)는 별명을 홍가와라 아카하치라고도 칭하였다. 그는 군웅할거시대에 두각을 나타내어 당시 오오하마촌(大浜村)을 근거지로 집단생활을 하였으며 민중의 제왕으로 추앙받았다. 1486년 유구 본도의 상진왕은 사신을 야에야마(八重山) 지역으로 파견하여 이리키야아마리 축제를 음사 사교로 규정하여 금지하였는데 이 신앙 탄압에 대하여 섬주민들은 격분하였다. 그리하여 오야케 아카하치는 선두에 서서 중산정부에 대하여 반기를 들었다. (중략) 아카하치는 봉건제도에 대해 반항하여 자유민권을 주장하고 섬주민들을 위해 용감히 싸운 것이다. 싸움에서는 지고 말았으나 그의 정신과 행동은 길이 후세에 전해질 것이다. 여기에 비석을 세움으로써 그의 위업을 기리는 바이다.

⋮

이 비석의 주인공 홍가와라는 유구의 남서부의 석원도에서 세력을 뻗어나가며 그곳을 지배했다. 그는 용맹이 뛰어난 인물로 봉건제도에 반항하여 자유민권을 주장하며 섬사람을 위해 항거했던 영웅

01 | 홍길동 보도 자료

02 | 유구의 민중 영웅 홍가와라가 타고 다니던 안장

으로 착취의 대상이던 섬 주민들을 어려움을 해소해주는 민중의
지도자였다.

Ⅱ. 소설『홍길동전』의 개혁 의지와
해외개척 사상

1. 허균이 창작한 소설『홍길동전』

『홍길동전』은 우리 소설사에서 초기의 국문소설이라는 점과
반체제적인 개혁정신을 담은 사회소설이라는 점에서 주목을 받
아왔다.『홍길동전』에 담긴 체제 비판적이고 혁신적인 시각은 여
타의 작품들이 충효의 유교윤리를 주축으로 한 체제 옹호적인 내
용을 주제를 담고 있다는 사실 때문에 더욱 빛을 발휘하여왔다.

　작가 허균이 홍길동의 유구의 남서부 섬들의 개척과 진출 후
의 성공담을 직접 들을 수는 없었지만, 남부 유구 사신들의 이야
기를 들은 이들이 전하는 내용 등과『보해동이적』에서, 해외 어
느 나라의 사신이 왕의 표문을 가지고 북경에 이르렀는데, 왕의
성씨인 萘가 共자 아래에 水가 있으니 이는 무슨 글자이며, 그것
은 홍길동이 성을 바꿔 그런 것이 아닌가 하는 의심을 하는 이들
이 있다는 기록을 고려해보면,『홍길동전』은 퓨전형의 영웅 전기
에 해당한다고 할 수 있다.

　홍길동이 태어나는 1450년대는 조선 초기의 의로운 신하들을
대표하는 소위 사육신 사건이 일어나는 시기로서, 다른 측면에서
보면, 수양대군이 원로 신하들을 없애고 스스로 정권을 잡던 정
난이 일어난 단종 1년(1453)과 동시대였다. 이런 측면 입각한 역
사 이해는 수양대군이 임금이 되는 왕위 찬탈의 변혁의 해이기도

하면서, 선왕 단종을 위해 절의를 지키다 끝내 죽음을 맡게 되는 충의로운 6인의 절의파 신하들이 이상적 유자의 표본으로 등장하는 것을 함께 인식할 수 있다. 작가 허균은 사육신의 절의에 대한 이야기와, 세조의 왕위 등극과 관련이 깊은 병조판서 출신의 재상인 김종서와 절의파와 갈라선 신숙주에 대한 관심은 『성소부부고』에서 직접 서술하고 있다.

이는 조종업본의 서두가 "대명 경태년간의 조선국 세조조 때"로 설정되어 있고, 이 경태는 명나라 경제의 연호이므로 1450년에서 1456년까지에 해당되므로, 이 홍길동전 텍스트는 세조 1년을 작품 발단의 시간 배경으로 삼고 있음을 알 수 있다. 또, 1450년대에 홍재상이 용꿈을 얻고 첩 춘섬이 잉태하여 홍길동을 낳게 되므로, 홍길동의 출생 시기는 이때를 배경으로 하고 있음을 알 수 있다. 이는 작가가 작품 문면에는 구체적으로 노출시키지 않았지만, 역사적 인식이 깊은 독자들은 홍길동이 태어난 시기가 왕위를 찬탈한 세조의 즉위 시기인 1456년을 전후한 때임을 은유적으로 제시한 결과가 되기도 한다. 하늘에서는 조선 명가 출신 홍판서의 꿈을 통해 청용으로 상징되는 홍길동이라는 영웅적 인물을 내려보내고, 그가 비록 서얼로 출생하지만, 활빈당 수령, 병조판서를 거쳐서 율도왕까지 되어 새로운 세상을 여는 주역이 된다는 뜻을 담아내고 있다.

이런 사실들을 고려해 보면, 허균은 홍길동 사건을 중심으로 한 적서 갈등의 전개를 통하여 한편으로는 상부구조로는 단종과 세조간의 왕통의 적부를 풍자하기도 하고, 다른 한편으로는 세조가 병조판서 출신의 신하들의 협력하에 왕위에 등극하는 사실을 환기시키기도 한다고 평가할 수 있다. 이런 해석은 『홍길동전』이 세종 때라는 시간적 배경과, 실존 인물 홍길동이 세조 및 성종 시기에 활동한 인물이라는 점에서 그 객관성을 높여준다.

　　허균이 소설 『홍길동전』을 창작한 시기는 난정의 시기로 평가되는 광해군 때로서, 북인 정권의 광해군 시기는 중국 황제의 칙령을 받지 못하여 그 해결을 위한 노력을 다각도로 하던 때였다. 중국의 눈으로 본 조선의 광해군은 과연 적통을 지녔고, 제대로 의롭게 왕노릇을 하고 있는가를 문제 삼을 수 있던 때였다.

　　이런 시대상은 작가 허균이 『홍길동전』을 내세워, 자리만 지키고, 외침에도 내란에도, 백성들의 민생고에도 아무 힘을 못쓰는 부적격의 왕임을 문제삼는 역사풍자소설로서 이 작품을 창작하였을 수도 있다.

　　홍길동이 병조판서를 소원으로 한 이유는 서애 유성룡과 같은 정승, 이순신과 같은 장군의 존경심이 깔려 있다. 서애는 국가를 중흥시킨 공이 있었고, 이순신은 나라를 구원한 공이 있었다. 허균은 우리나라에서 가장 중시하는 곳이 병조임을 강조하였다. 그래서 조정에서는 병조판서가 된 자는 대부분 변방의 일을 아는 자를 임용해서 오래 맡겼다. 그의 『성소부부고』의 기록을 보면, 그는 비변사가 설치되면서부터는 대소 군정의 처리를 모두 비변사에서 맡게 되었는데, 유사당상 몇 사람이 전적으로 관장하고 정승의 지시를 받아 시행하였으므로, 병조에서는 멍하니 무슨 일을 할지를 몰랐다. 근래에는 내지의 병사와 수사까지도 비변사에서 신임하게 되어 병조의 권한이 더욱 줄어들었다고 하였다.

2. 『홍길동전』에 표현된 새로운 세상

　　『홍길동전』은 17세기 우리 소설 발전의 전형을 보여주는 작품으로 신분의 차별과 압박이 있는 곳에는 반항이 있는 법임을 보여주고 있다. 타락한 관리와 승려들의 착취와 행태를 비판하며 적서차별의 상황을 벗어나서 능력 위주의 인재 등용의 문제를 제기하고 있다. 이 작품은 임진왜란 이후 봉건사회에서의 적서차별의 불합리성이 더욱 심해져갈 때 이런 주제로 사회적 문제를 제기하였다. 특히, 홍길동이 활빈당의 가난한 농민들과 함께 해인사를 공격하고, 함경감사를 징벌하는 무력 투쟁의 모습까지 보여주고 있다.

『홍길동전』은 이런 역사적 현실을 배경으로 하고 홍재상의 얼자 홍길동의 성격과 운명을 보여줌으로써 당시 서얼류들의 불행한 처지를 묘사함에 그치지 않고, 이런 불합리에 대한 대안을 활빈당 수령의 병조판서 제수, 나아가서는 중국을 거쳐서 남쪽 섬나라 율도국의 왕위에 오르는 행복한 결말을 통하여, 혁신과 희망의 메시지까지 보여주고 있다. 이처럼 소설『홍길동전』은 봉건사회의 불합리한 현실을 비판하였을 뿐만 아니라 홍길동이 활빈당의 가난한 농민들과 함께 율도왕국을 세우는 과정을 통하여 포악한 왕과 양반 관료배들이 없는 살기 좋은 사회를 세우려는 작가 자신의 새로운 세상에 대한 이상을 보여준다.

『홍길동전』의 주제는 사회정치적인 측면을 부각시키고 있지만, 가정 윤리적 주제, 사회 정치적 주제, 국제적 관계에 관련된 주제까지를 포용하는 공간적 배경의 확산에 따른 혁신과 도전으로 난관을 극복해나가는 영웅적 삶과 그 꿈의 실현이란 성공담을 대주제로 삼고 있다. 특히, 홍길동은 모친과 활빈당의 가난한 농민들을 대하는 태도에서 예절이 밝고 의리가 있는 인간으로 묘사되고 있으며, 활빈당에 들어갈 때의 비범한 힘, 초인들을 만들어 같은 날 같은 시각에 8도에 꼭 같은 홍길동이 나타나게 하는 대목 등의 묘사는 홍길동의 지략과 용감성을 부각시켜 보여준다. 아울러 홍길동이 율도왕에게 보낸 격서에는 "대저 임군은 한 사람의 임군이 아니요 천하사람 임군이라 (중략) 기병하야 철봉을 항복받고 들어오며 지니는 바에 만풍귀순하니 이제 싸호고저 하

거늘 싸호고 그렇지 아니면 일즉이 항복하여라"라고 하여, 힘이
실린 호소적 형식의 격문을 통하여 자신이 추구하는 도전과 투쟁
의 의도와 배경을 보여주기도 한다.

3. 『홍길동전』에 서술된 율도국과 그 은유적 의미

소설 『홍길동전』의 주인공 홍길동이 활빈당이란 공동체를 통
해 펼치는 친민중적 이념의 영웅적인 삶은 당대의 현실에서 기대
하던 영웅의 탄생에 대한 독자들의 꿈을 풀어주는 기능을 한다.
제도적 질곡에서 신음하는 사람들의 정신적 좌절감을 희망찬 미
래에의 기대감으로 충만시켜 준다. 특히, 후반부에 나타나는 '율
도국의 건설'은 국내에서의 장벽을 해외공간을 통해 시원스레 해
소시켜준다. 작품의 후반에 설정된 율도국 부분은 일반적 서사체
계에서는 작품의 논리적 결함을 나타내고 있다는 지적을 받아오
기도 하였다. 특히, 해외활동 부분은 작가의 상상에 의해 드러난
허구의 세계로 인식되어왔다. 그러나 실은 작품의 전반부를 이루
는 국내의 활동과 마찬가지로 율도국 왕이 되는 사건도 역사상에
실재했던 홍길동의 활동상을 1차적 소재로 담은 것이다. 이러한
사실은 앞 장에서 제시했듯이 홍길동 생애의 재구성에 의해 어느
정도 구체화되고 있다.

물론 현전하는 『홍길동전』 텍스트에서는 이본에 따라 다양하
게 서술되고 있어, 율도국 왕되기 장면은 출판 지역과 시기가 다
른 여러 판본에 따라서 구체적인 내용이나 표현상의 차이는 상당
히 나타나기도 하지만, 홍길동이 출국하여 율도국 왕이 되는 이
야기는 원초의 『홍길동전』에서부터 있었던 화소로 판단된다.

허균의 원래 『홍길동전』의 율도국 대목과는 비록 거리를 보인
다고 하더라도, 19세기의 독자들이 실제로 읽었던 목판본 『홍길

동전』의 일부를 통해, 율도국 장면의 의미를 추적해보면『홍길동
전』이 지닌 창작계 군담소설과의 거리를 어느 정도 파악할 수 있
을 것으로 판단된다. 경판 30장본에서는 율도국 장면의 첫 화소
가 율도국의 소개와, 평소의 뜻에 따른 출격대목으로 설정되어
있다. 이 대목에서 보면, 율도국은 면적이 수 천리나 되고 군사적
으로는 사면이 막히어 방어하기에 적절한 천부의 나라이다. 그래
서 홍길동이 평소 이 나라는 자신이 왕이 되어 자신의 이상적인
이념을 펼치며 다스려볼만한 나라로 생각하고 있었다. 그래서 그
뜻을 실현하고자 율도국을 공격하여 왕위를 빼앗으려 하던 중 운
수가 열려서 출격의 기운이 되는 시기를 타서 군사를 일으켜 스
스로 선봉이 되고 후장군으로 마숙을 삼아 5만병으로 출격하는
것이다.

그 다음에 이어지는 둘째 화소에서는 다음과 같은 율도국 군
대와 대결하는 내용이 중심을 이룬다.

여기서 보면, 갑자년 가을에 홍길동이 율도국 철봉산 태수 김
현충을 공격하니 태수는 율도왕에게 이 사실을 알리면서 대응하
므로 홍길동은 원정군으로서의 승리를 할 후 있는 양곡을 마련하
기 위하여 계교로 철봉태수를 잡고 그 군량 확보하는 데 성공한
다. 즉, 홍길동은 이 전투에서 도술을 부려 철봉군을 청제장군, 적
제장군, 백제장군, 흑제장군의 오방장군을 거느리고 포위하니 태
수 김현충은 항복하게 된다. 이 성을 근거로 삼아 율도왕이 있는
도성을 공격하니 율도왕은 홍길동의 격서를 읽고, 적세를 당할
수 없음을 판단하고 자결하고, 세자와 왕비 또한 뒤따라 자결하
는 것으로 서술되고 있다.

또, 셋째 화소는 율도국을 정벌한 후에 이 나라를 부강한 나라
로 만들어 백성들이 평화스럽게 살게 한다. 즉, 율도국을 정복한
홍길동은 왕위에 올라, 마숙은 좌승상을 삼고, 최철은 우승상을

삼고, 김길은 수문안찰사를 삼아 율도국을 지키게 하니, 만조백관이 천세를 부르며 축하하고 백성들은 모두 송덕하였다. 율도왕이 된 홍길동은 백씨부인과 조씨부인을 왕비를 봉하고 부친을 추존하여 현덕왕으로 봉하고, 모친 춘랑은 대비로 봉한 후 부친의 능에 제사를 지낸다. 율도왕의 덕택으로 온 나라는 태평하게 되었다고 서술하고 있다.

넷째 화소는 조선국왕에 대한 율도왕의 보은 이야기로 진행되고, 다섯째 화소는 조선왕의 대응과 형 인형의 율도국 방문이야기, 여섯째 화소는 율도왕의 부귀와 후손 이야기이고, 일곱째 화소는 천상으로 복귀하는 것으로 대단원을 이룬다. 특히, 작품의 종결에서 율도왕은 30년 동안 왕위에 있는 후 칠십의 나이로 지상의 삶을 마친다. 적송자와 같은 신선의 뒤를 따르고자 하여 후원 영락전에 올라 풍악을 즐기고 산천경개를 완상한 후 "세상사를 생각하니 풀끝에 이슬같다. 백년을 산다고 하나 이 또한 부운이라. 귀천이 때 있음이여 다시 보기 어렵도. 천지정수를 인력으로 못하리라. 슬프다 소년이 어제러니 금일 백발될 줄 어찌 알리오" 하며 왕비들과 즐길 때에, 백발노옹이 누상에 나타나 "그대 인간 부귀와 영욕이 어떠하뇨? 이제 서로 처소에 모일 때를 만났으니 함께 감이 어떠하뇨?" 하면서 육환장으로 난간을 치니 갑자기 뇌성벽력이 천지를 진동하며 율도왕과 두 왕비 사라진다.

이런 율도왕의 천상복귀는 작품의 서두에 제시되었던 홍판서의 태몽과 호응하는 사건으로 이 작품의 도선적 분위기를 보여주는 것으로, 홍길동의 환술이 빼어난 사실을 반영한 결말로 평가된다.

03 | 홍길동가 발굴 유물

04 | 실존 인물 홍길동 연구의 결과로 세워진 테마파크

05 | 홍길동 테마파크에 조성된 홍길동 집

역사를 만든 혁신의 아이콘

정조
– 소통의 정치학 –

노대환 동국대학교 사학과 교수

▲ 김홍도, 「규장각도」, 비단에 채색, 144.4×115.6㎝, 1776년경, 국립중앙박물관

정조
-소통의 정치학-

I. 머리말

정조(1752~1800, 재위: 1776~1800)의 휘는 산(祘), 자는 형운(亨運)이며 1752년(영조 28) 사도세자와 혜경궁 홍씨 사이의 둘째 아들로 사도세자의 침전이었던 창경궁 경춘전에서 태어났다. 사도세자는 정조를 낳을 때 용이 내려오는 꿈을 꾸었는데 이를 기념하여 비단에 용그림을 그려 벽에 걸어두었다고 한다.

01 | 경춘전: 사도세자의 침소로 정조가 탄생한 곳이다.

정조보다 먼저 태어난 형이 정조가 출생하기에 앞서 세상을 떠났던 터라 정조의 출생은 왕실의 대단한 경사였다. 정조가 태어나자 영조는 혜경궁에게 "이제 이 아들을 낳았으니 종묘사직에 대한 걱정은 없게 되었다" 하고는 손으로 이마를 어루만지며 여기가 꼭 나를 빼어 닮았다고 하면서 매우 기뻐하였다. 영조는 정조가 태어난 그날 정조를 바로 원손(元孫)으로 삼았다.

정조는 8세가 되던 1759년 왕세손에 책봉되었다. 임오화변이 일어나기 전까지만 해도 정조의 삶은 순탄하였지만 이 사건으로 정조의 삶은 크게 바뀌었다. 임오화변 당시 11살에 불과했던 세손 정조는 아버지의 죽음을 지켜보면서 엄청난 정신적 충격을 받았고 이 때문에 평생 정신적 고통에 시달려야 했다.

임오화변은 정치적으로도 정조에게 상당한 부담을 안겼다. 아버지가 불명예스러운 죽음을 맞았다는 것 자체가 상당한 부담이었다. 영조는 1764년에 정조를 효장세자(孝章世子)의 아들로 입적시켰다. 실제 정조가 즉위하자 정조에 적대적인 세력들은 '죄인지자 불가승통(罪人之子 不可承統: 죄인의 아들은 임금이 될 수 없다)'는 이른바 '팔자흉언(八字凶言)'을 유포시켜 정조의 왕위계승권자로서의 자격을 문제 삼고 있었다.

1762년 동궁의 자리에 오른 이후 14년이라는 결코 짧지 않은 시간을 힘들게 버틴 끝에 정조는 1777년 창경궁 경춘전에서 제22대 왕으로 즉위하였다. 이후 정조는 다양한 개혁책을 추진하여 18세기 후반 조선을 이끌어갔다.

II. 집권 안정화 정책

1. 척리에 대한 견제

권력 기반이 취약했던 영조는 노론과 소론의 주요 인사를 인척으로 끌어 들이는 전략을 구사하였다. 아들 효장세자 빈으로 소론인 풍양조씨 조문명(趙文命)의 딸을 택하였고, 노론인 풍산 홍씨 홍봉한(洪鳳漢)의 딸을 사도세자 빈으로 정하였다. 이로 인해 외척세력이 전면에 부상하는 가운데 홍봉한과 경주김씨 정순왕후의 동생 김구주(金龜柱)와의 반목이 심해지는 등 문제가 돌출되었다. 시파와 벽파의 대립도 두 세력 간의 갈등에서 비롯되었다.

정조는 정치적 갈등을 조장하는 주요 존재가 외척 집단이라는 것을 잘 알고 있었다. 당대 대표적인 외척 세력은 정조의 외가 풍산 홍씨 가문과 영조 계비 정순왕후 친정인 경주 김씨 가문이었다. 서로 대립하고 있던 양 가문은 처음에는 정치적 주도권을 잡기 위해 각기 정조의 지원군을 자처하고 있었다. 지지기반이 약했던 정조는 척리와 손을 잡을 수도 있었지만 협력을 거부하고 홍국영(洪國榮, 1748~1781)을 발탁

02 | 홍봉한 초상. 경기도 박물관 소장. 사도세자의 장인으로 정계에서 큰 영향력을 행사하였다.

하여 오히려 외척 세력에 맞섰다.

　정조가 협력을 거부하자 외척은 일순간에 적이 되었다. 당장 외조부 홍봉한의 이복동생인 좌의정 홍인한(洪麟漢)이 세손의 대리청정을 막고 나섰다. 위기의 순간 세손의 뜻을 받은 서명선(徐命善, 1729~1791)이 홍인한 등을 논박하는 상소를 올리고, 영조가 대리청정이 안 된다면 차라리 왕위를 물려주겠다는 초강수를 둔 끝에 결국 대리청정은 성사되었다. 대리청정을 담당한지 3개월 만에 영조가 승하하였으니 대리청정이 조금만 늦었더라도 정조의 운명은 어떻게 되었을지 모른다.

　정조는 "무릇 척리에 관계되면 이 척리이건 저 척리이건 막론하고 꺾어 눌러야 한다는 것이 곧 나의 고심이다"라고 밝힐 만큼 척신 정치에 비판적이었다. 정조는 즉위하자마자 홍국영을 중심으로 비척신 계열의 인물들을 규합하여 외척 제거에 나섰다. 먼저 칼날을 자신의 외가로 겨누어 막강한 권력을 휘두르고 있던 외종조부 홍인한을 사사하였고 또 다른 외척 경주 김씨 김구주(金龜柱, 1740~1786) 가문에도 타격을 가하였다. 김구주는 영조의 계비 정순왕후의 오빠로 사도세자가 죽임을 당하는 데도 관여하였고 정조에게도 위해를 가했던 인물이었다. 정조는 홍국영이 누이동생을 정조의 후궁(元嬪)으로 바쳐 척신으로 전신한 뒤 후사 문제에 개입하자 홍국영마저 과감하게 내쳤다.

　정조는 아무리 내부 사석에서라도 왕실 척신은 조정 일에 간여하지 못하도록 하였다. 아울러 내시들의 정치 개입도 차단하였다. 정조가 파악하는 한 척리와 환관은 정치 분란의 주범이었다. 외척 세력을 정조는 자신을 지원해 줄 충성스럽고 능력을 갖춘 신하를 양성하는 작업에 착수하였다.

2. 규장각 설치와 인재 양성

정조는 즉위 직후 바로 창덕궁 금원(禁苑) 북쪽에 규장각을 설치할 것을 명령하였다. 규장각 설치는 집권 후 정조가 벌인 가장 첫 사업이었다. 규장각은 본래 세조대에 양성지(梁誠之)가 임금이 지은 글을 보관할 장소로 구상한 것으로 숙종대인 1694년에 처음 만들어졌다. 정조는 이 규장각을 하나의 기구로 만들어졌다. 규장각은 처음에는 어제각(御製閣)이라 이름 하였는데 숙종이 쓴 편액을 옮겨 봉안하면서 이름이 바뀌었다. 규장각에는 제학 · 직제학 · 직각 · 대교 등의 전속 관직이 설치되었다.

규장각은 단지 정조 자신의 권력 기반을 강화하기 위해 만든 것은 아니다. 즉위하자마자 규장각 창설에 나서는 것에 대해 한편에서 급한 일이 아니라며 반대하자 정조는 잘못된 세태를 바로잡기 위해 규장각을 만들었다고 밝혔다. 규장각은 정조가 표방하였던 '우문지치(右文之治)' 즉 학문을 통한 정치

03 | 규장각도, 국립중앙박물관 소장.
김홍도가 그린 창덕궁 후원의 규장각 전경이다.

를 실천하는 핵심 기관이었던 것이다. 규장각에는 정조와 뜻을 같이 하는 인사들이 기용되었다. 또 규장각에는 노론뿐만 아니라 소론도 선발되었는데 노론의 대표적인 인물은 김종수(金鍾秀)·유언호(兪彦鎬) 등이었고, 서명응(徐命膺)·서호수(徐浩修) 부자 등이 소론으로 규장각신에 뽑혀 활동하였다.

규장각을 통해 인재를 양성하려는 정조의 계획은 1781년 규장각에 초계문신제(抄啓文臣制)를 시행함으로써 본궤도에 진입하였다. 정조는 초계문신과 함께 경서를 강독하며 그들을 지도하였다. 강의는 초계문신 제도가 시작된 1781년 여름부터 1798년까지 계속되었다. 한겨울이나 무더위를 만났을 때는 강학을 중지하는 대신 정조가 강학해야 할 부분에서 문목(問目)을 뽑아 집에서 조목조목 답을 적어오도록 하였다. 초계문신들은 열흘마다 시험을 보았고 정조는 성적을 직접 매기면서 공부를 독려하였다. 정조는 삼대의 성왕들은 임금(君)과 스승(師)의 역할을 함께 수행했다고 보았고 자신도 그를 본받아 군사(君師)가 되어 초계문신들을 지도하고자 하였다. 투철한 유교 의식으로 무장한 신료를 양성하여 이들을 중심으로 새로운 정치 풍토를 만든다는 것이 정조의 목표였다.

초계문신은 정조의 근신으로 성장하여 정조를 지원하였다. 1781년 20명을 처음 선발한 것을 시작으로 1800년에 이르기까지 10차례에 걸쳐 총 142명이 초계문신 명단에 이름을 올렸다. 정약용을 비롯하여 남공철(南公轍)·서유구(徐有榘)·김조순(金祖淳) 등 당대의 이름 있는 신료들 가운데 상당수가 초계문신 출신이었다. 노론 뿐 아니라 소론, 남인계 인물들도 선발하였다. 규장각을 통해 근신을 양성한다는 정조의 목표는 어느 정도 성과를 거두었다고 할 수 있다. 정조 스스로도 "20년 동안 초계문신제를 시행하면서 아직 참으로 실효가 있었다고 할 수는 없지만, 지금

조정에 가득한 신하들이 대부분 교도를 받은 사람이다"라고 자부하였다.

Ⅲ. 소통의 정치

1. 탕평책의 시행

집권 기간 내내 정조가 수시로 강조했던 것이 있는데 그것은 '소통'이었다. 정조가 줄기차게 강조한 소통은 오늘날의 그것과는 그 의미가 다르다. 정조가 말하는 소통은 벼슬길이 막혀 있는 사람들이 관직에 오를 수 있도록 배려하는 것을 뜻한다.

정조는 사람을 쓰는 요점은 단점을 버리고 장점을 취하는 것이며, 이와 같이 하면 눈앞에 좋지 않은 사람이 없고 세상에 버릴 사람이 없다고 하였다. 사회 구성원 각자가 자신의 능력을 발휘할 수 있게 하는 것이 정조의 바람이었다. 그러나 정조의 바람과는 달리 18세기 후반 당시 조선에는 당색, 문벌, 지역 등 여러 가지 이유로 소외되고 차별받는 부류들이 많았다. 소외가 얼마나 심

04 | 채제공 초상. 수원화성박물관 소장. 정조의 두터운 신임을 받으며 신해통공을 비롯한 여러 개혁을 주도하였다.

각한 문제를 야기할 수 있는가는 영조대 발생하였던 무신란에서 확인된다. 정치적 · 지역적 차별에 불만을 품은 세력들은 국왕을 교체하기 위해 반란까지 도모하였다. 소외의 문제가 해결되지 않는다면 이러한 모반은 언제든 다시 발생할 수 있는 것이었다.

소통의 정치를 가로막는 가장 심각한 문제는 역시 당파 간의 알력이었다. 영조가 탕평책을 추진하며 당파 간의 알력을 조정하였지만 중앙 정계는 노론이 장악하고 있었다. 소론은 그래도 정계에서 어느 정도 정치적 지분을 확보하고 있었지만 남인의 경우는 1694년(숙종 20) 갑술환국으로 축출된 이후 정계에서 철저히 소외되어 있었다. 정조는 이러한 문제를 해결하기 위해 영조에 이어 탕평책을 추진할 것을 다짐하였다. 정조는 인재 발탁의 기준을 당파가 아니라 철저히 개인의 자질에 맞추고자 하였다. 이는 그간 정계에서 배제되어 있던 소론이나 남인들을 포용하여 노론 중심의 정국 운영에 제동을 걸겠다는 의지의 표명이었다. 정조는 자신의 의지를 분명히 보이기 위해 침실 이름을 '탕탕평평실(蕩蕩平平室)'이라고 지었다.

당파에 상관없이 인재를 발탁하려는 정조의 계획은 마침내 1788년 노론 김치인(金致仁)을 영의정, 소론 이성원(李性源)을 좌의정, 남인 채제공(蔡濟恭)을 우의정으로 하는 일종의 연립 내각을 출범시키면서 결실을 맺었다. 정조 스스로도 "붕당이 생긴 이래 처음 있는 일"이라고 의미를 부여할 정도로 대단한 작품이었다. 한동안 정계에서 소외되어 있던 남인의 영수 채제공을 우의정에 발탁한 것은 파격적인 조치였다. 남인 채제공은 이름 있는 가문 출신도 아니어서 정조가 추진했던 탕평책의 성과를 상징적으로 보여준다.

정조의 탕평책이 순조롭게 진행되었던 것은 아니다. 특히 오랫동안 기득권을 유지해온 노론의 아성을 무너뜨리는 것은 쉽지 않은 일이었다. 그가 양성한 초계문신들조차 정조의 뜻을 제대로 수용하지 못하였다. 예를 들어 정조는 초계문신 출신의 촉망받던 관료 김조순을 이조 참의에 기용하여 인사 정책의 변화를 모색하였지만 김조순은 소론과 남인을 제쳐놓고 노론 출신만 발탁하려 하여 그를 실망시켰다. 후일 정조가 사돈 가문으로 정하고 뒷일을 부탁했던 김조순조차 이처럼 노론의 당파성을 드러내는 형편이었으니 당파 간의 이해관계를 조정하는 것이 얼마나 어려운 작업이었을지 짐작할 수 있다. 게다가 1784년 경 이후에는 시파와 벽파로 분열되어 서로 반목하면서 첨예하게 대립하여 정조를 곤란하게 만들었다. 정조의 정치적 실험은 여러 차례 난관에 부딪쳤지만 마지막까지 소통 정치를 실현하려는 의지를 버리지 않았기 때문에 불안한 가운데에도 탕평책의 기조를 유지할 수 있었다.

2. 지방민과 사회적 약자의 수용

17세기까지만 해도 원론적으로는 지방과 서울을 차별해서는 안 된다는 공감대가 형성되어 있었다. 하지만 18세기에 들면서 이러한 원칙 자체가 무너져 가고 있었다. 1756년(영조 32) 영조는 지방 사람이라도 재주가 있으면 기용하라는 지시를 내린 일이 있다. 그런데 이조참판 남태제(南泰齊)는 경화자제[서울 문벌가문의 자제]들을 먼저 쓰지 않는다면 온 세상이 놀라 자신이 직임을 유지하지 못할 것이라고 답하였고, 이조판서 정휘량(鄭翬良)은 시골 사람이 벼슬을 맡으면 불미스러운 일이 많아 경화자제들에 미치지 못한다고 하였다. 인사를 담당하는 이조 최고 수장들의 인식 수준이 이런 정도였으니 지방민들의 소외는 당연한 일이었다. 정조는 서울 사람들이 관직을 독차지한 것을 보고는

05 | 빈흥록, 규장각 소장, 빈흥록은 지역별로 실시한 과거 답안을 엮어 간행한 책이다.

시골에 사는 사람들이 이웃 나라 사람과 다름이 없게 되었다고 탄식할 정도였다.

　문제의 심각성을 알고 있던 정조는 집권하면서부터 영남 남인들의 수용을 모색하였으며 지역 차별의 가장 큰 피해자였던 서북인에 대한 배려도 잊지 않았다. 지역민들을 수용하기 위해 지역민을 대상으로 한 과거를 실시하였는데 제주도에 이르기까지 전국 각지에서 시행되었다.

　1797년에 정기 인사 때는 삼남 사람들을 수용하는 것이 급선무라고 판단하여 서승응천(序陞應遷: 서열에 따른 승진과 천직)을 제외하고 초사(初仕: 첫 관직), 복직(復職), 통청(通淸: 청요직 임명)을 모두 지방 사람들로 채울 계획까지 세우고 있었다.

　한편 정조는 권세가들의 권력 독점을 견제하면서 사회적 약자의 정치적 진출을 적극 지원하였다. 그들을 진출시키는 것은 정조의 힘을 강화시킬 수 있는 방법이기도 하다. 대표적인 조치는 서얼을 소통시키도록 지시한 일이다. 1779년에는 이덕무 · 박제가 · 유득공 · 서리수 등 4명의 서얼 출신을 규장각 검서관에 임명하였다. 한편 정조는 서얼 허통에서 한 발 더 나아가 천인 출신의 기용까지도 고려하고 있었다.

Ⅳ. 국정 운영 노력과 화성 건설

1. 국정 운영 노력과 한계

정조는 요·순과 같은 성군이 되기를 갈구하였고 삼대 이상 정치를 실현할 수 있을 것이라는 자신감에 차 있었다. 정조는 집권 이후 사대부를 우대하고 척리를 배제하는 우현좌척(右賢左戚)의 정치 원칙을 견지하며 탕평책을 추진하였다. 그 결과 집권 중반에 들자 반대 세력들을 아우르면서 정국의 안정을 이끌어 낼 수 있었다. 1788월 2월 노론과 소론, 남인 세 당파의 영수인 김치인과 이성원, 채제공을 삼정승으로 임명한 것은 그동안 정조가 기울인 노력의 결실이었다. 이는 당파 간의 정치적 갈등이 격심했던 당시의 상황을 생각하면 대단한 성과가 아닐 수 없다.

정국이 어느 정도 안정을 찾아가자 정조는 1789년 사도세자의 묘소를 수원으로 이전하면서 숙원이던 사도세자 추숭작업에 나섰다. 사도세자 추숭은 영조가 금지하였고 정조도 즉위 직후 내린 윤음에서 영조의 뜻을 따르겠다고 공언한 바 있었다. 하지만 자식 된 도리로 아버지의 명예를 회복시키는 일은 당연한 일이기도 하고 부친의 명예 회복이 자신의 정통성과도 직접 관련되어 있었기 정조에게 사도세자 추숭은 숙원 사업이었다.

남인들은 사도세자를 추숭하려는 정조의 뜻을 적극적으로 떠받들었다. 정조의 후원에 힘입어 오랜만에 정계에 참여한 남인들은 사도세자 추숭을 지지하면서 정치적 영향력을 확대시키고자 하였던 것이다. 1792년 윤4월에는 경상도 유생 이우(李堣) 등을 비롯한 1만여 명이 연명으로 소를 올려 아예 사도세자를 무함하여 죽게 만든 자들을 처단할 것을 요구하고 나섰다. 5월에는 더 많은 경상도 유생들이 소를 올려 사건의 진상을 밝히고 관련자들

을 처벌할 것을 주장하였다. 즉위 초 안동 유생 이도현 부자가 사
도세자의 신원을 요청하는 소를 올렸을 때는 그들을 처형하였지
만 1792년 당시의 반응은 사뭇 달랐다. 1차 상소 때는 다만 이 문
제를 거론하지 말라고 했을 뿐이며, 2차 상소에 대해서는 '1만여
명의 선비들의 논의는 바로 나라 사람들의 공론'이라며 우호적인
반응을 보였다.

　남인측의 동향에 노론이 불안감을 느꼈던 것은 당연하다. 노
론측은 남인 가운데 천주교를 신봉하는 이들이 많은 것을 이용
하여 남인들을 제거할 기회를 엿보았다. 그러던 차에 노론들에게
절호의 기회가 찾아왔다. 1791년 전라도 진산에 사는 진사 출신
천주교인 윤지충(尹持忠)이 어머니의 신주를 태우고 제사를 폐
지한 이른바 '진산사건'이 발생한 것이다. 노론들은 이 기회를 이
용하여 채제공을 실각시켜 남인들의 세력을 약화시키고자 하였
다. 자칫하다가는 정조가 그간 기울여온 노력이 일순간에 물거품
이 될 수 있는 상황이었다. 정조는 천주교 신앙은 개인적 차원의
문제일 뿐 남인과 관련이 없다고 선을 긋는 한편 노론들이 순정
하지 못한 문체를 사용하는 것을 비판하며 노론측의 공세를 차단
하였다.

　정조의 적극적인 개입으로 큰 충돌을 피했지만 분란은 계속되
었다. 영남 유생들의 상소가 있던 다음해인 1783년 남인의 영수
영의정 채제공이 소를 올려 사도세자 사건에 관련된 자들에 대해
천토(天討)를 거행할 것을 주장하였다. 채제공은 사도세자가 무
함을 당한 것을 깨끗이 씻어내는 일은 성인도 인정할 것이라며
정조의 결단을 촉구하였다. 그러자 노론 벽파를 이끌고 있던 좌
의정 김종수가 채제공을 역적으로 몰아붙이며 이러한 역적을 처
벌되지 않는 한 조정에 있지 않겠다면서 사직하였다. 결국 정조
는 채제공과 김종수를 동시에 파직시켜 버렸다. 이로써 정조가

집권 이후 애써 추진해온 탕평책이 큰 위기에 봉착하였다.

2. 화성 건설

정조는 정치적 난관을 극복하기 위해 화성 건설이라는 비장의 카드를 꺼내 들었다. 정조는 공사가 완공되는 1804년 세자에게 왕위를 물려준 후 자신은 화성으로 내려가고 왕위에 오른 세자에게 사도세자의 추숭 문제를 맡기고자 하였다. 자신이 사도세자를 추숭하는 것은 아무래도 무리였다. 정치적 분란도 분란이지만 무엇보다 영조의 금령을 어기는 것은 큰 부담이었다. 화성 건설은 본래 10년 계획으로 추진되었다. 하지만 공사는 2년 6개월만인 1796년에 완공되었다. 화성 건설로 사도세자를 추숭하려는 계획은 예정대로 추진될 수 있는 발판을 마련하였지만 정국 운영은 의도대로 되지 않았다.

노론 벽파는 1795년 정조의 최측근인 소론 정동준(鄭東浚)을 공격하였고 여세를 몰아 역시 정조의 최측근이었던 남인의 영수 채제공을 1798년에 사직하게 하였다. 정조는 벽파의 영수 심

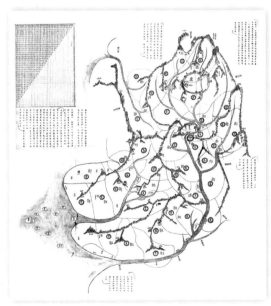

06 | 수원부 지도, 규장각 소장. 1872년(고종 8)에 제작된 수원부 지도로 윗 쪽에 화성, 그 아래쪽에 현륭원의 모습이 각각 보인다.

환지와 연계하여 정국을 수습하고자 하였다. 비밀리에 심환지와 주고받은 수많은 편지는 정조가 정국을 운영하는 데 얼마나 애를 먹고 있던가를 잘 보여준다. 조정이 염려되고 세도가 신경 쓰여 병이 없어도 피로하다는 투정은 엄살이 아니었다. 자신의 상황을 '혼자서 1천 칸의 창고를 다 지키는 격'이라고 비유할 만큼 정조는 어려운 처지에 놓여 있다. 시간이 갈수록 정국 운영은 더욱 어려워졌고 정조는 지쳐갔다. "정력이 날로 소모되어 1795년 무렵만 돌이켜 생각해봐도 그 때와는 판이하게 딴 사람이 되었다"는 고백은 당시 정조의 상태를 잘 보여준다.

1798년 12월 정조는 '만천명월주인옹자서(萬川明月主人翁自序)'라는 글을 지었다. 이 글에서 정조는 물이 세상 사람들이고 달은 태극인데 그 태극이 바로 자신이라고 강조하였다. 할아버지 영조는 자신을 북극성에 빗대어 권위를 수식하였는데 정조는 자신을 모든 물에 비치는 밝은 달에 비유하였다. 정조는 신하들로 하여금 이 글을 베껴오도록 하여 궁궐 곳곳에 내걸도록 하였다. 일종의 충성 서약을 요구한 셈인데 그만큼 자신의 지위에 대해 불안감을 느꼈던 것을 반증한다. 그러나 의지와는 달리 정국 운영은 뜻대로 되지 않았다. 실망감은 더욱 커졌고 건강은 악화되어 갔다.

V. 맺음말

정조는 평생 화증(火症)으로 고생하였다. 아마도 11살의 어린 나이에 아버지의 참혹한 죽음을 목격하면서 받았던 정신적 충격이 주요한 원인이었을 것으로 추측된다. 세손의 지위에 오른 이후에는 숨 막히는 긴장감 속에서 하루하루를 버티면서 화증은 더

07 | 집복헌(좌)과 영춘헌(우): 집복헌은 사도세자가 탄생한 곳이고, 영춘헌은 정조가 승하한 곳이다.

욱 악화되었다.

정조가 살았던 마지막 해인 1800년에 들자 정조의 건강에 본격적인 적신호가 발생하였다. 그러던 중 6월에 갑자기 몸에 종기가 생겼다. 병세가 급격히 악화되어 말을 제대로 할 수 없을 정도가 되었다. 병세가 악화되는 가운데 6월 14일 김조순을 불러들여 자신이 왕세자에게 왕위를 물려준 후 화성으로 내려갈 1804년 이후 신왕을 도와 정국에서 주도적인 역할을 해줄 것을 간곡히 당부하였다. 그리고 영춘헌에서 49세를 일기로 승하하였다. 심노숭(沈魯崇, 1762~1837)은 정조의 죽음에 대한 백성들의 반응을 다음과 같이 전하였다.

⠇

우리 선왕께서 나라를 다스리신 25년 사이에 큰 덕망과 지극히 인자하심이 백성들에게 깊이 스몄는데, 돌아가신 날 나라 안에서 울부짖고 통곡하는 소리가 서로 이어졌다. 파주에서 서울로 오는 동안 주막집 노파와 시골 노인네가 눈물을 비 오듯 쏟으면서 "하늘도

착하지 못하시지, 어째서 네댓 해만 더 빌려주어 우리 세자빈이 궁
궐에 들어가는 것을 보게 하시지 않는가?"라고 말하는 것을 들었다.
하는 말이 너무도 간절하여 정말 부모를 잃은 듯하였다. 그 소리를
듣고서 나도 자연스레 말 위에서 목을 놓아 울면서 "이것이 이른바
백성들의 떳떳한 양심이다"라고 말했다. 『자저실기』

:: 참고문헌 ::

김문식, 『정조의 제왕학』, 태학사, 2007.

김문식 · 안대회, 『정조 어찰첩』, 성균관대학교 출판부, 2009.

김인걸 등, 『정조와 정조시대』, 서울대학교 출판문화원, 2011.

박상철 등, 『정조 비밀 어찰, 정조가 그의 시대를 말하다』, 푸른역사, 2011.

안대회, 『정조의 비밀편지』, 문학동네, 2010.

유봉학, 『정조대왕의 꿈』, 신구문화사, 2001.

임형택 · 진재교, 「정조어찰첩 -편지로 읽는 '정조실록'」, 『정조어찰첩』, 성균관
　　　대하교 출판부, 2009.

정병설, 『권력과 인간 -사도세자의 죽음과 조선 왕실-』, 문학동네, 2012.

정옥자, 『정조의 문예사상과 규장각』, 효형출판사, 2001.

崔鳳永, 「壬午禍變과 英祖末 · 正祖初의 政治勢力」, 『朝鮮後期 黨爭의 綜合的
　　　檢討』, 한국정신문화연구원, 1992.

역사를 만든 혁신의 아이콘

김정호
– 대동여지도, 최고의 지도서 –

양보경 성신여자대학교 지리학과 교수

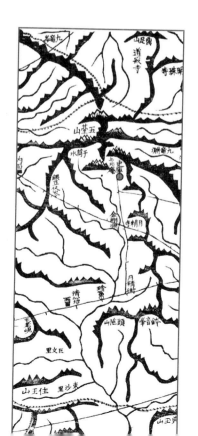

▲ 김정호, 「대동여지도」 목판본, 1861년, 서울대학교 규장각

김정호
─대동여지도, 최고의 지도서─

I. 지리학자 김정호(金正浩)

조선 후기의 사회변화와 함께 조선의 지도 제작도 18세기 영조·정조대에 크게 발전하였다. 그 중 가장 중요한 변화는 대축척지도(大縮尺地圖)의 발달이었다. 이 변화는 특히 전국지도 즉 조선 전 국토의 모습을 그린 전도에서 현저히 나타났다. 축척이 큰 지도가 만들어짐에 따라 지도의 크기도 대형화되었으며, 따라서 지도에 표시되는 내용이 상세하고 정확해짐과 동시에 풍부해졌다. 그리고 이는 우리나라 고지도의 대명사이자, 우리나라 지도의 고전인『대동여지도(大東輿地圖)』로 완성되었다.

고산자 김정호는 1830~1840년대에『청구도(靑邱圖)』(1834)와『동여도지(東輿圖志)』(20책, 1834~1844), 서울지도인『수선전도(首善全圖)』(1840년대), 1850년대에『동여도(東輿圖)』와『여도비지(輿圖備志)』(20책, 1853~1856)를, 1860년대에『대동여지도(大東輿地圖)』(1861, 1864)와『대동지지(大東地志)』(15책, 1861~1866)를 제작, 편찬하였다. 이처럼 김정호는 지도 외에도 우리나라 전국 각 지역을 종합적으로 정리한 지리지를 3종이나 남겼다. 이 지리지들은 조선 후기에 제작된 가장 훌륭한 사찬(私撰) 전국지리지(全國地理志)이다. 이러한 방대한 지리지 편찬은 김정호가 단순한 지도 제작자가 아니라, 많은 자료를 섭렵한 지

01 | 김정호 동상, 국토지리정보원

리 전문가이자 실학자였음을 보여 주는 것이라 할 수 있다.[1]

고산자 김정호는 지도(地圖)와 지지(地誌)가 국토와 지역의 모습, 그리고 지역 위에 살고 있는 사람들의 삶의 구조를 이해하는 자료이며, 이들이 서로 뗄 수 없는 관계임을 인지하고, 그러한 이해를 지도와 지리지 제작으로 실천한 지리학자였다. 그러나 김정호 자신의 생애나 그가 지도나 지지를 제작한 과정 등은 잘 밝혀져 있지 않다. 고산자의 출생지는 황해도 봉산(鳳山) 또는 토산(兎山)이라고 전하며, 출생과 사망시기도 분명하지 않은데, 1804년에 태어나 1866년에 사망했다는 설이 가장 널리 받아들여지고 있다.

1. 이향견문록

김정호는 고산자(古山子)라 자호(自號)하였는데 본래 기교한 재예(才藝)가 있고, 특히 여지학(輿地學; 地理學)에 열중하여 널

---

1) 천문학자인 전영범은 2002년 1월 9일 보현산천문대에서 발견한 소행성 95016의 이름을 김정호(Kimjeongho)라고 명명했다.

리 상고하고 또 널리 자료를 수집하여 일찍이 지구도를 만들고 또 '대동여지도'를 제작하여 손수 판각하여 세상에 인포(印布)하였다. 그 상세하고 정밀함이 고금에 견줄 데가 없다. 나도 그중 하나를 얻고 보니 참으로 보배가 되겠다. 그는 또 '동국여지고(東國輿地攷)' 10권을 편집하였는데 미처 탈고치 못하고 죽으니 매우 애석한 일이다.

Ⅱ. 한국 지도의 고전(古典), 대동여지도

『대동여지도』는 우리나라 고지도의 대명사이며, 우리나라 지도의 고전이다. 1898년 일본 육군이 조선 침략의 기초 단계로 경

02 | 『대동여지도』와 현대 지도의 윤곽 비교

03 | 『대동여지도』(보물 제850호), 성신여자대학교 박물관

부선을 부설하면서 측량기술자 60명과 한국인 2~3백명을 비밀리에 고용하여 1년간 조선을 샅샅이 뒤져 5만분의 1 지도 3백장 정도를 만들었는데,『대동여지도』와 큰 차이가 없어 감탄했다고 전한다.

　이 이야기는 청일전쟁과 러일전쟁, 그리고 이어진 일본의 한국 토지측량에『대동여지도』를 사용하였다는 일화와 함께『대동여지도』의 정확성과 훌륭함을 전해 주는 증거로 널리 전해 온다. 일본 국립국회도서관에는 일본 육군(陸軍)에서 군사지도[兵圖]로 사용하였던『대동여지도』가 보관되어 있어, 이 이야기가 전설이 아님을 입증하고 있다.

　『대동여지도』는 우리나라 고지도, 나아가 우리나라 지리학의 대명사로 인정받고 있다. 현전하는『대동여지도』는 목판본과 필사본이 약 50여 종 전하며, 성신여대 박물관 소장본이 보물 제850호로, 서울역사박물관 소장본이 보물 제850-1호로 지정되어 있다. 김정호와『대동여지도』는 1934년 일제가 교과서에 수록한 이래 남한의 초등학교 교과서와 북한의 중등과정 역사교과서에 실려 있는 우리나라 역사상 최고의 지리학자, 최고의 지도이다.

　『대동여지도』가 우리나라 역사상 가장 훌륭한 고지도라는 사실을 모르는 사람은 없다. 그러나『대동여지도』에 관해 잘못 알려진 사실도 많다. 우리나라에서 가장 오래된 지도, 가장 자세하고 가장 큰 지도, 국가의 무관심 속에 김정호 개인의 힘으로 만든 지도,『대동여지도』이전에는 훌륭한 지도가 없었던 획기적인 지도, 김정호가 전국을 답사해 백두산을 일곱차례나 오르면서 만든 지도, 그러나 국가 기밀을 누설했다 하여 결국 김정호를 죽음으로 몰고 갔으며, 국가에 의해 불태워진 지도라는 것이다. 최근의 연구들은 김정호의 전국 답사설, 국가 탄압설과 옥사설 등 많은 부분이 사실이 아님을 밝혀내고 있다.

『대동여지도』를 실제로 본 사람도 많지 않다. 『대동여지도』를 일반 집의 벽에 걸 수 있는 정도의 작은 지도로 생각하는 사람이 많으며, 『대동여지도』의 요약본이라 할 수 있는 『대동여지전도

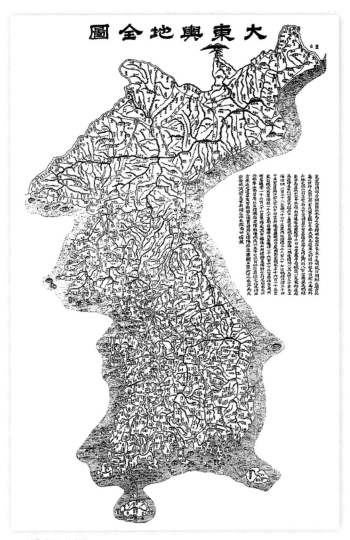

04 | 『대동여지전도』

(大東輿地全圖)』를 『대동여지도』라고 소개하고 있는 책들도 있을 정도이다. 그렇다면 『대동여지도』는 어떠한 지도인가?

Ⅲ. 우리나라 최대의 전국지도

『대동여지도』는 전국지도 즉 전도(全圖)이다.

지도의 유형을 나눌 때 가장 보편적인 방법은 지도에 포함된 대상 지역의 범위에 따라 구분하는 것이다. 이렇게 나눈 지도의 유형에는 세계를 그린 세계지도(또는 天下圖), 한 나라 전체를 그린 전국지도(全圖), 도를 단위로 그린 도별지도(道別圖), 군현 및 그 하위 지역을 그린 분도(또는 군현지도), 외국을 그린 외국지도, 주요 도시를 그린 도성도, 궁궐·관청을 그린 궁궐도(宮闕圖)·관아도(官衙圖), 군사지역과 변경지역을 그린 군사지도인 관방지도(關防地圖), 기타 특수도 등이 있다.

『대동여지도』는 우리나라 전국을 대상으로 그린 전도이다. 전도는 우리나라 전체를 그린 지도이므로, 다른 어느 유형의 지도보다도 우리나라를 대표하고 상징하는 지도로서 의의를 지닌다. 우리나라 전체의 모습을 확인할 수 있고, 우리 국토를 어떻게 표현하였는지 확인할 수 있는 지도가 바로 전국지도이기 때문이다. 전국지도는 여러 유형의 지도를 바탕으로 하여 제작된다. 그러므로 각 유형의 지도의 종합이며, 제작 당시 지도학의 수준을 대변하는 것이기도 하다.

『대동여지도』는 현존하는 전국지도(全國地圖) 중 가장 큰 지도이다. 『대동여지도』는 전체를 펼쳐 이으면 세로 6.6m 가로 4.2m에 이르는 대형지도가 되어, 적어도 3층 높이 이상의 공간이 있어야 걸 수 있다. 이 때문에 국내에서는 『대동여지도』를 상설 전시해 놓은 곳이 거의 없다. 높이 7m 이상의 공간을 갖춘 곳이 드물기 때문이다. 우리가 『대동여지도』를 잘 볼 수 없었던 이유도 여기에 있다.

이렇게 지도가 크기 때문에 웬만한 책자에는 『대동여지도』를 수록하기가 힘들었다. 책에 실을 경우 너무 축소되기 때문에 지도의 내용과 모습을 알아보기 힘들 뿐만 아니라, 책에 수록하기 위한 사진 촬영도 어렵기 때문이었다. 그러므로 대부분의 책에는 『대동여지도』의 일부분만을 수록했으며, 이 또한 『대동여지도』의 전모를 일반인들이 보기 힘들었던 원인이기도 하다.

Ⅳ. 경위선표식 축척지도

큰 지도가 좋은 지도인가? 반드시 그렇지는 않다. 흔히 조선 후기의 지도학의 성과로 손꼽는 것이 대축척지도(大縮尺地圖)의 발달이다. 지도는 지표면을 그대로 그리지 못하고 일정한 비율로 지표 현상을 줄여서 나타내는데, 이 줄인 비율 즉 지도상의 거리와 지표상의 실제거리의 비율을 축척(縮尺)이라 한다. 축척은 지도를 만들 때 가장 중요한 기본 요소 중의 하나이다. 대축척지도란 현실을 될수록 크게 종이에 나타낸 지도이며, 소축척지도는 많이 줄여서 현상을 작게 표현한 지도이다. 대축척지도의 제작이 어려운 것은 지도가 커지는 만큼 그 안에 채워야 할 내용이 많으며, 정확해야 하기 때문이다. 축척이 두 배 커지면 지도의 면적은 네 배로 커진다. 작게 그리면 직선으로 표현된 해안선도 크게 그리면 곡선으로 그려야 하는 것처럼, 대축척지도는 단순히 소축척지도를 확대한 것이 아니다. 크기에 상응하는 정확성과 풍부함을 수반할 때 대축척지도로서의 의의를 지니기 때문이다.

『대동여지도』는 지도에 축척을 명시한 축척지도(縮尺地圖)이며, 경위선표식 지도이다. 경위선표식 지도란 비교적 일정한 크기의 방안(方眼, 눈금)을 바탕에 그림으로써 축척을 적용하여 그린 지도를 말한다. 방안을 사용한 지도는 방안지도, 또는 옛 문헌의 표현을 빌어 경위선표식(經緯線表式) 지도, 선표도(線表圖), 방안좌표지도(方眼座標地圖) 등으로 불러 왔다. 이밖에도 계란(界欄), 방격(方格), 방괘(方罫), 획정(劃井) 등의 표현을 사용하였다. 경위선표는 오늘날의 지도에서의 경위도좌표(經緯度座標)가 아닌 단순한 가로 세로의 눈금선을 뜻하며, 경위선표식 지도는 17세기 후반 이후 우리나라 지도에 본격적으로 사용되기 시작하였다.

김정호는 『대동여지도』에서 이전 지도에서 볼 수 없었던 방식으로 축척을 표시하였다. 『대동여지도』를 펴면 가장 상단에 원고지 같이 눈금이 그려져 있는 면이 보인다. 가로로 8개, 세로로 12개의 눈금이 그려져 있는데, 이를 오늘날 우리들은 '방안축척표' 또는 '방괘표(方罫表)'라고도 부른다. 한 개의 눈금(方眼)에 '매방(每方) 10리'라고 기록해 놓아 눈금 하나가 10리를 가리킴을 명시하였다. 또 "매편(每片) 종(縱) 120리 횡(橫) 80리"라고 기록하여 지도 한 면(片)의 동서 길이가 80리 남북 길이가 120리임을 나타냈다. 하나의 눈금 즉 10리가 2.5cm이고, 지도 한 면이 동서로 80리이므로 20cm, 세로로는 120리이므로 30cm가 된다. 지도상에서 축척은 일반적으로 거리를 가늠하는데 사용된다. 『대동여지도』는 한 면이 120리 80리로서 쉽게 거리를 짐작할 수 있도록 고안된 것이다. 『대동여지도』는 전체가 227면으로 구성되어 있고, 여백을 제외한 지도 부분은 213면으로 구성되어 있다. 한 장의 목판에는 지도 두 면(판)을 앉혀 목판의 매수는 126판이며,

뒷면에도 지도를 판각했기 때문에 일반적으로 목판 1면에는 지도 4면에 해당하는 내용이 들어 있어 목판은 총 60장 정도로 추정되고 있다.[2]

축척은 지도 내용 속에도 표시되었다. 즉 도로 위 10리마다 점을 찍어 거리를 나타낸 것이다. 이러한 거리, 축척 표시방법은 『대동여지도』의 가장 큰 특징 중의 하나이다. 특히 도로상의 10리점은 그 간격이 일정하지 않다. 평탄한 평야지역에서는 10리 간격이 멀게, 산지가 있는 곳에서는 10리 간격이 가깝게 표시되었다. 이는 10리 간격의 점이 지도의 축척을 나타냈을 뿐만 아니라 지형적인 조건을 알려 주며, 지점과 지점간의 직선거리가 아닌 도로상의 거리를 표현한 것임을 알게 한다. 실제 지도 이용자의 입장에서는 매우 편리한 지도가 아닐 수 없다.

사실 18세기에 만든 '비변사지도(備邊司地圖, 서울대학교 규장각 소장)'와 같은 지도는 1 : 50,000~80,000의 축척을 지닌 경위선표식 지도로, 이 지도를 이으면 『대동여지도』보다 큰 우리나라 지도가 된다. 그러나 이 지도는 군현지도였지 전국지도는 아니었다. 『대동여지도』는 우리나라 지도 중에서 가장 크고 자세한 지도는 아니지만, 우리나라의 전국지도 중에서 가장 큰 대축척지도이다.

---

2) 현재 대동여지도의 목판은 국립중앙박물관에 총 11장(지도 25면), 숭실대학교 기독교박물관에 1장(2면)이 남아 전하고 있다. 국립중앙박물관 소장 대동여지도 목판의 재질은 피나무이며, 크기는 가로 41~42.5cm 세로 29.7~31.3cm 두께 1.0~1.5cm이며, 숭실대본은 가로 42.2cm 세로 31.8cm 두께 1.0~1.5cm이다.

V. 내용이 풍부하고 지도학적으로 우수한 지도

앞서 언급한 『지도학사(The History of Cartography)』 시리즈의 한국편을 집필한 레드야드(Gari Ledyard)는 『대동여지도』를 한국의 지도 중에서 가장 지도학적으로 우수한 지도라고 평했다. 그것은 오랫동안 내려 온 동양 지도의 지지(地誌, text)적인 전통에서 벗어났다는 뜻이다. 즉 우리나라의 지도에는 여러 가지 설명을 지도의 여백이나 지도 안에 기록하여 많은 정보를 주고자 했던 전통이 강했다. 김정호가 앞서 만들었던 전국지도인 『청구도』(1834년)에도 이러한 전통이 강하게 반영되어, 군현의 이름 옆에 인구, 전답, 군정(軍丁), 곡식, 별칭, 군현의 품계, 서울까지의 거리 등을 써 넣어 지도가 복잡하게 보일 수밖에 없었다. 그러나 『대동여지도』는 글씨를 될수록 줄이고, 표현할 내용을 기호화하는 방식을 확립해 현대 지도와 같은 세련된 형식을 보여 준다.

이를 위하여 '지도표(地圖標)'라는 방법을 고안하였는데, 이는 지표상의 각종 현상을 지도상에 어떤 기호로 표현하였는지를 그려 놓은 것으로 현대 지도의 범례에 해당한다. 『대동여지도』 가장 상단 제1층에 수록된 '지도표'에는 14개 항목 22종의 내용이 기호로 표시되었다. 예를 들어 능(陵), 역(驛), 창(倉), 방리(坊里), 산성(山城), 진보(鎭堡), 고현(古縣) 등의 경우 지명에서 공통되는 어미를 지도에는 전혀 기록하지 않았다. 『대동여지도』에는 총 12,000여 개의 지명이 수록되어 있는데, 글자의 수를 줄인 만큼 풍부한 내용을 담을 수 있었다. 산천, 봉수(烽燧), 능침(陵寢), 역참(驛站), 창고(倉庫), 고개 등과 현재의 주요 현상은 물론 옛 현(古縣, 옛 읍터), 옛 진보(鎭堡), 옛 산성(山城) 등 당시에는 이미 사라진 역사적인 흔적을 『대동여지도』처럼 상세히 기록한 지도는 없다.

『대동여지도』의 내용과 표현상 가장 큰 특징은 산과 물의 특징적인 표현과 분별성이다. 『대동여지도』를 보면 산이 가장 강하게 눈에 들어온다. 그 이유는 산을 독립된 하나의 봉우리로 표현하지 않고, 이어진 산줄기 즉 산맥(山脈)으로 나타냈기 때문이다. 더욱이 산줄기를 가늘고 굵게 표현함으로써 산의 크기와 높이를 알 수 있도록 표현했다. 사람의 삶의 터전으로서의 지형을 이해하는데 가장 중요한 요소인 분수계(分水界)와 산

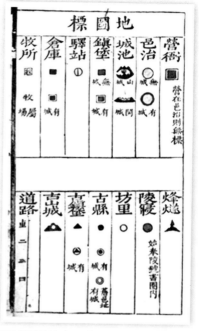

05 | 『대동여지도』 지도표

줄기가 이를 통해 명료하게 드러난다. 백두산에서 이어지는 대간(大幹)을 산줄기 중 가장 굵게 나타냈으며, 다음으로는 대간에서 갈라져 나가 큰 강을 나누는 정맥(正脈)을 굵게 그리고, 정맥에서 갈라져 나가 큰 내를 이룬 줄기를 그 다음으로 굵게 표현하는 등 산줄기의 위계에 따라 굵기를 달리하였다. 이는 조선 시대 사람들이 지녔던 산천에 대한 인식체계를 지도화한 것으로, 지도의 사상적인 중요성을 보여 주는 것이다. 즉 지도 속에는 당대인들의 국토관, 세계관 등이 담겨져 있다. 『대동여지도』의 산천 표현을 통해 우리는 지도의 중요한 기능을 확인할 수 있는 것이다.

이러한 산맥 표현은 풍수나 묘자리를 그린 산도(山圖)에서도 보였지만 이를 지도학적으로 승화시킨 것은 『대동여지도』이다. 현대의 등고선식 지형도를 보고 산맥을 찾는 것은 전문가들도 어

려운 일이다. 오늘날 우리 국토의 맥락과 산줄기를 알고자 하는 사람들이 『대동여지도』를 찾는 이유는 『대동여지도』가 가진 산천 표현의 뛰어남과 그 정확성 때문이다. 『대동여지도』가 고전(古典)인 이유를 여기에서도 본다.

『대동여지도』의 장점은 많지만 특히 주목되는 내용이 도로, 군현의 경계 표시, 봉수, 역원, 1,100여 개에 달하는 섬(島嶼), 목장, 그리고 앞서 언급한 역사지리적인 옛 지명들이다. 그 가운데에서도 도로 표현이 독특하여 많은 관심을 받아 왔다. 『대동여지도』에서 도로는 직선으로 표시되었는데, 이는 이전의 지도에서 거의 볼 수 없는 방식이었다. 이는 『대동여지도』가 목판본이기 때문에 흑백으로 인쇄될 수밖에 없었고 곡선으로 표현되는 하천과의 중복을 피하기 위함이었다. 그것이 오히려 도로를 명확하게 인식시키는 역할을 하였으며, 또한 하천과 더 명확히 구별하기 위해 10리마다 도로에 점을 찍었다. 길 위에 찍혀 있는 10리 간격의 점은 지도의 축척과 함께 길의 거리를 알려 주어 이용자에게 매우 편리함을 주는 장점을 지니고 있다.

VI. 인쇄본 지도: 지도의 보급과 대중화

『대동여지도』의 가장 큰 장점 중의 하나는 목판으로 간행한 목판본 지도 즉 인쇄본 지도라는 점이다. 물론 15세기부터 목판본 지도가 우리나라에서도 제작되었다. 신숙주가 1471년(성종 2)에 지은 『해동제국기(海東諸國紀)』에 포함된 일본 및 유구국(琉球國) 지도가 그 효시이다. 우리나라 지도로는 『신증동국여지승람(新增東國輿地勝覽)』(1531년)에 수록된 〈팔도총도(八道總圖)〉를 비롯한 9장의 지도가 가장 앞선다. 그러나 이들은 독립된 지도가 아니었다.『신증동국여지승람』간행 이후 민간에서 이 유형의 지도만을 따로 모아 지도책들을 많이 만들었고, 조선 후기에 유행한 지도책 등 목판본도 많은 수에 달했다. 또한 18세기 이후에는 지도 수요의 증가에 따라 목판본 지도가 증가하였다. 특히 서울지도에서 목판지도의 제작이 활성화되었다. 그러나 목판지도의 증가는 서울 지도뿐만 아니라 전국지도, 군현지도 등 지도의 여러 유형에서 다함께 일어났다.

목판지도는 지도의 보급과 대중화에 큰 역할을 한다.『대동여지도』는 상세하고 내용이 풍부한 대형 목판본 전국지도였다.『대동여지도』이전에 목판본 전국지도가 없었던 것은 아니었다. 그러나 대체로 1m 내외 크기의 전국지도여서 각 지역의 산, 하천, 역원 등 상세한 내용은 담기가 어려웠다.

중요한 점은 자세한 정보와 지도를 인쇄본으로 만들어 보급했다는 것이다. 인쇄본으로 만들 경우 가장 큰 장점은 많은 수의 지도를 찍어낼 수 있어 지도의 보급이 용이하고, 지도를 대중화할 수 있다는 것이다.『대동여지도』이전에도 자세한 지도들은 많았으나 그 지도들은 필사본으로서 제작이 한정될 수밖에 없었다. 또 내용이 상세하고 풍부한 지도일수록 일반 국민들에게는 접근이 어려운 관청이나 궁중에 소장되어 있었던 것이다.

그런데 고산자 김정호는 방대한 크기의『대동여지도』를 목판으로 인쇄했다. 그러므로 상세하고 내용이 풍부한 지도를 접하기 어려웠던 대다

06 |『대동여지도』목판:
표제. 국립중앙박물관

수의 국민들에게 『대동여지도』는 획기적인 지도였을 것이다. 『대동여지도』가 국민들에게 이름을 얻을 수 있었던 것은 바로 목판본 지도여서 여러 본을 찍을 수 있고 많은 사람에게 보급할 수 있었기 때문이다. 김정호는 1834년에 전국지도인 『청구도』를 만들었던 경험이 있었다. 『청구도』는 목판본이 아닌 필사본 지도책이었는데, 김정호가 27년에 걸쳐 수정하여 만든 발전된 지도가 『대동여지도』였으며, 『청구도』에 비해 획기적으로 개선한 점이 바로 목판본의 형식으로 나타났던 것이다.

여기에서 지도가 소수의 정치가, 관리, 학자들에게만 필요한 것이 아니라고 생각했던 김정호의 생각을 읽을 수 있다. 국민들도 국토의 각 지역에 대한 정보를 가져야 하며, 국토의 모습을 담은 지도가 많은 사람들에게 보급되고 전달되어 국민의 교양으로 뿌리내려야 함은 물론, 국가가 어지러울 때일수록 지도와 지지가 필요하다고 생각했던 그의 사상을 엿볼 수 있다. 중앙이나 지방 관청에는 상세하고 정확한 지도들이 소장되어 있었다. 그러나 그 지도는 일반인들은 볼 수도, 이용할 수도 없었다. 김정호는 정밀한 지도의 보급이라는 사회적 욕구와 변화를 인식하고 그것을 실현하였던 측면에서 더욱 빛을 발한다. 서울 목판지도의 백미로 꼽히는 『수선전도』를 목판본으로 만든 것도 같은 맥락이다.

또한 『대동여지도』는 목판본 지도 중에서도 가장 정교하면서도 품격을 갖춘 지도이다. 내용상의 풍부함 위에 목판으로서의 아름다움과 선명함을 지닌 것이다. 정밀한 도로와 하천, 정돈된 글씨와 기호들, 살아 움직이는 듯한 힘있는 산줄기의 조화와 명료함은 다른 어느 지도도 따를 수 없는 판화로서의 뛰어남을 지니고 있다. 이런 점에서 고산자 김정호는 위대한 지도학자이면서 훌륭한 전각가였다고 할 수 있을 것이다.

VII. 휴대용 절첩식 지도

『대동여지도』는 우리나라에서 가장 큰 전국지도이면서도 보기 쉽고 가지고 다니기 쉽게 만든 지도이다. 김정호는 이를 위해 『대동여지도』를 분첩절첩식(分帖折疊式) 형태로 만들었다. 이 점은 『대동여지도』에 앞서 1834년(순조 34)에 김정호가 완성했던 전국지도인 『청구도』와 가장 큰 차이점이기도 하다.

형태상으로 『대동여지도』는 분첩절첩식의 형태로 되어 있어 책자의 형태로 된 것에 비해 매우 간략하고, 지도를 보거나 가지고 다니기에 매우 편리하다. 『대동여지도』는 우리나라를 남북으로 120리 간격, 22층으로 구분하여 하나의 층을 1첩으로 만들고 22첩의 지도를 상하로 연결하여 전국지도가 되도록 하였다. 1층(첩)의 지도는 동서로 80리 간격으로 구분하여 1절(折 또는 1版)으로 하고 1절을 병풍 또는 어코디언처럼 접고 펼 수 있는 분첩절첩식 지도를 만들었다. 22첩을 연결하면 전체가 되며, 하나의 첩(帖)은 다시 절첩식으로 접혀져 병풍처럼 접고 펼 수 있는 형태이다.

분첩절첩식 지도는 가지고 다니거나 보관, 열람에 매우 편리하다. 일부분이 필요할 경우 일부분만 뽑아서 휴대하며 참고할 수도 있다. 또한 절첩식 지도의 장점은 부분으로 자세히 볼 수 있고, 서로 이어 볼 수 있어 분합(分合)이 자유롭다는 것이다. 『대동여지도』를 한 장의 종이에 그렸을 경우, 세로 6.6m 가로 4.2m 정도의 큰 지도가 되어 가장자리의 지명만 읽을 수 있고 대부분의 중심부에 있는 지명은 읽을 수 없다. 또 책자로 만들었을 경우 넓은 지역을 한 번에 볼 수 없는 단점이 있다. 그러나 분첩절첩식 지도는 필요한 부분을 선택하여 연결함으로써 대형 지도가 지니는 단점을 해결할 수 있는 방식이었다.

Ⅷ. 동양식 전통지도의 집대성, 금자탑

『대동여지도』는 고산자 김정호가 1861년(철종 12)에 제작하여 초간본을 찍어 내고, 1864년(고종 원년)에 재간본을 찍어낸 지도이니, 우리나라 고지도의 역사에서는 비교적 나이가 어린 지도이다. 그러나 『대동여지도』는 내용상으로는 지지(地志)에 기초하여 풍부하고 상세한 정보를 수록함은 물론, 지도학적으로는 조선 후기에 지속적으로 이루어졌던 지도 발달의 성과를 종합한 지도였다. 그것은 지도의 윤곽, 지도의 내용, 지도의 형태 등 모든 면에서 앞선 시기의 여러 지도의 장점을 취하여 발전시킨 것이었다. 조선 전기에는 국가가 중심이 되어 지도를 제작하였으나 조선 후기에는 국가와 관청은 물론 민간에서도 지도의 제작에 중요한 공헌을 했다. 김정호는 조선 후기에 발달했던 군현지도, 방안지도(경위선표식 지도), 목판지도, 절첩식지도, 휴대용지도 등의 성과를 독자적으로 종합하고, 각각의 장점을 취하여 『대동여지도』를 만들었다. 『대동여지도』의 가장 뛰어난 점은 조선 후기에 발달했던 대축척지도의 두 계열, 즉 18세기 중엽 농포자 정상기(鄭尙驥)의 『동국지도』 이후 민간에서 활발하게 전사되었던 전국지도·도별지도와 국가와 관아가 중심이 되어 제작했던 상세한 군현지도를 결합하여 군현지도 수준의 상세한 내용을 겸비한 일목요연한 대축척 전국지도를 만든 것이다.

『대동여지도』가 많은 사람에게 애호를 받았던 가장 큰 이유는 목판본 지도이기 때문에 일반에게 널리 보급될 수 있었으며, 개인적으로 소장·휴대·열람하기에 편리한 데에 있었다. 국가적 차원에서는 18세기에 상세한 지도가 만들어졌다. 그러나 그 지도는 일반인들은 볼 수도, 이용할 수도 없는 지도였다. 김정호는 정밀한 지도의 보급이라는 사회적 욕구와 변화를 인식하고 그것을 실현하였던 측면에서 더욱 빛을 발한다. 그러나 흔히 생각하듯이 아무런 기반이 없는 데에서 혼자의 독자적인 노력으로 『대동여지도』와 같은 훌륭한 지도를 만들었던 것은 아니다. 비변사와 규장각 등에 소장된 이전 시기에 작성된 수많은 지도들을 검토하고 종합한 결과인 것이다.

고종대에 총융사, 병조판서 등을 역임하고, 1876년(고종 13) 판중추부사로서 일본 강화도조약을 체결할 때 조선 대표였던 신헌(申櫶)은 그의 문집 『금당초고(禁堂初稿)』의 '대동방여도서(大東方輿圖序)'에서 자신이 지도에 깊은 관심을 가지고 있어 비변사나 규장각에 소장되어 있는 지도와 민간에 소장되어 있는 지도를 서로 대조하고 여러 지리지 등을 참고하여 완벽한 지도를 만들려고 노력하였으며, 이 일을 김정호에게 위촉하여 완성하였다고 하였다. 당시 대표적인 무관이었던 신헌(申櫶)의 도움이 있었

07 | 표제(신유본), 국립중앙박물관

08 | 표제(갑자본), 서울대학교 규장각한국학 연구원

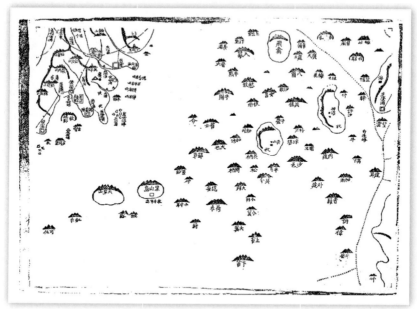

09 | 『대동여지도』 목판 구성: 동래/흑산도 부분, 국립제주박물관

다면, 그리고 신헌 자신이 정확한 지도를 만들기 위한 목적을 지니고 있었다면 김정호는 관청에 소장되어 있던 여러 지도를 두루 열람할 수 있었을 것이다. 이 밖에 최성환(崔瑆煥), 최한기(崔漢綺) 등 당대의 뛰어난 학자들의 도움도 있었다. 김정호가 앞선 시대의 여러 사람의 노력과 그 작품들을 면밀하게 살피고 대조하여 뛰어난 지도로 결집하였음을 알 수 있다. 그러므로 김정호가 아무런 바탕 지도 없이 지도를 만든 것은 아니었으며, 『대동여지도』를 빼앗기고 옥사하였다는 것도 이제는 여러 학자들의 연구에 의해 사실이 아님이 분명해지고 있다.

또한 김정호는 1861년(철종 12)에 초간본을 간행한 이후 오류가 있는 부분과 내용을 수정하고 찍어내는 작업을 78회 계속한 후 마침내 1864년(고종 원년)에 재간본을 간행했다. 이는 완성도 높은 지도를 향한 김정호의 집념과 과학정신을 잘 보여 준다.
　『대동여지도』는 전통적인 동양식 지도의 마지막 금자탑이다. 그것은 『대동여지도』가 조선시대 사람들의 국토관과 지역에 대한 인식을 가장 분명하게 담고 있고, 그것을 지도학적으로 명료하게 표현한 지도이기 때문이다.

::참고문헌::

개리 레드야드 지음, 장상훈 옮김, 『한국 고지도의 역사』, 소나무, 2011.
국립중앙도서관, 『海東輿地圖』, 영인본, 2007.
국립중앙박물관, 『옛 삶터의 모습: 고지도』, 국립중앙박물관 명품선집 15, 2005.
국립중앙박물관, 『東輿』, 영인본, 2006.
국립중앙박물관, 『朝鮮圖』, 영인본, 2007.
국토해양부 국토지리정보원, 『한국지도학발달사』, 2009.
문화재청, 『한국의 옛 지도』, 2008.
박정혜·이예성·양보경, 『조선왕실의 행사그림과 옛지도』, 민속원, 2005.
서울대학교 규장각, 『海東地圖』 상·하, 해설·색인, 1995.
서울대학교 규장각, 『朝鮮後期 地方地圖』: 전라도편, 경기도편, 충청도편, 경상도편, 강원도편, 함경도편, 황해도편, 평안도편, 영인본, 1996~2002.
서울대학교 규장각, 『東輿圖』(2003), 『朝鮮全圖』(2004), 『朝鮮地圖』(2005), 『정상기의 동국지도』, 『조선후기 대축척 조선전도』 영인본.
소재구, 「金正浩 原作 大東輿地圖 木板의 調査」, 미술자료 58, 1997. pp.126~138.
양보경, 「18세기 비변사지도의 고찰 -규장각 소장 도별 군현지도집을 중심으로-」, 『규장각』 제15호, 서울대학교 규장각, 1992, pp.93~123.
양보경, 「조선시대의 자연인식체계」, 『한국사시민강좌』 제14집, 일조각, 1994. pp.70~97.

양보경, 「대동여지도」를 만들기까지」, 『한국사시민강좌』 제16집, 일조각, 1995, pp.84~121.

양보경, 「대동여지도」, 『한국사시민강좌』 제23집, 일조각, 1998, pp.45~59.

양보경, 「테마기행: 지도이야기」, 1~12, 『測量』, 대한측량협회, 2004.2~ 2005.12.

양보경·양윤정, 「'대동여지도' 초기본, '해좌여도(海左興圖)'의 재발견」, 『문화 역사지리』, 제25권 제3호, 2013, pp.1~13.

원경열, 『대동여지도의 연구』, 성지문화사, 1991.

이찬, 『한국의 고지도』, 범우사, 1991.

이상태, 『한국 고지도 발달사』, 혜안, 1999.

이우형, 『大東興地圖의 讀圖』, 匡祐堂, 1990.

장상훈, 「대동여지도 판본 비교」, 『한국지도학발달사』, 국토교통부 국토지리정보원, 2009, pp.261~278.

한영우·안휘준·배우성, 『우리 옛지도와 그 아름다움』, 효형출판, 1999.

배우성, 『조선후기 국토관과 천하관의 변화』, 일지사, 1998.

건설교통부 국립지리원, 『고산자 김정호 기념사업 연구보고서』, 2001.

대한측량협회, 『고산자 김정호 관련 측량 및 지도 사료 연구』, 2003.

서울대학교 규장각한국학연구원 http://kyujanggak.snu.ac.kr/index.jsp

국립중앙도서관 한국고전적종합목록시스템 http://www.nl.go.kr/korcis/

한국역사정보통합시스템 http://www.koreanhistory.or.kr/